日本の遺跡49

長登銅山跡

池田善文 著

同成社

長登銅山跡全景（後方は秋吉台の草原）

製錬に関わる遺構や遺物の集中する大切ⅢＣ区４Ｔ５Ｔ（下）とⅡＤ区（上）

製錬場と木簡の出土した大溝（大切ⅢC地区）

炉跡（大切ⅣC区、5～9号炉）

大切地区の大溝における木簡の出土状況

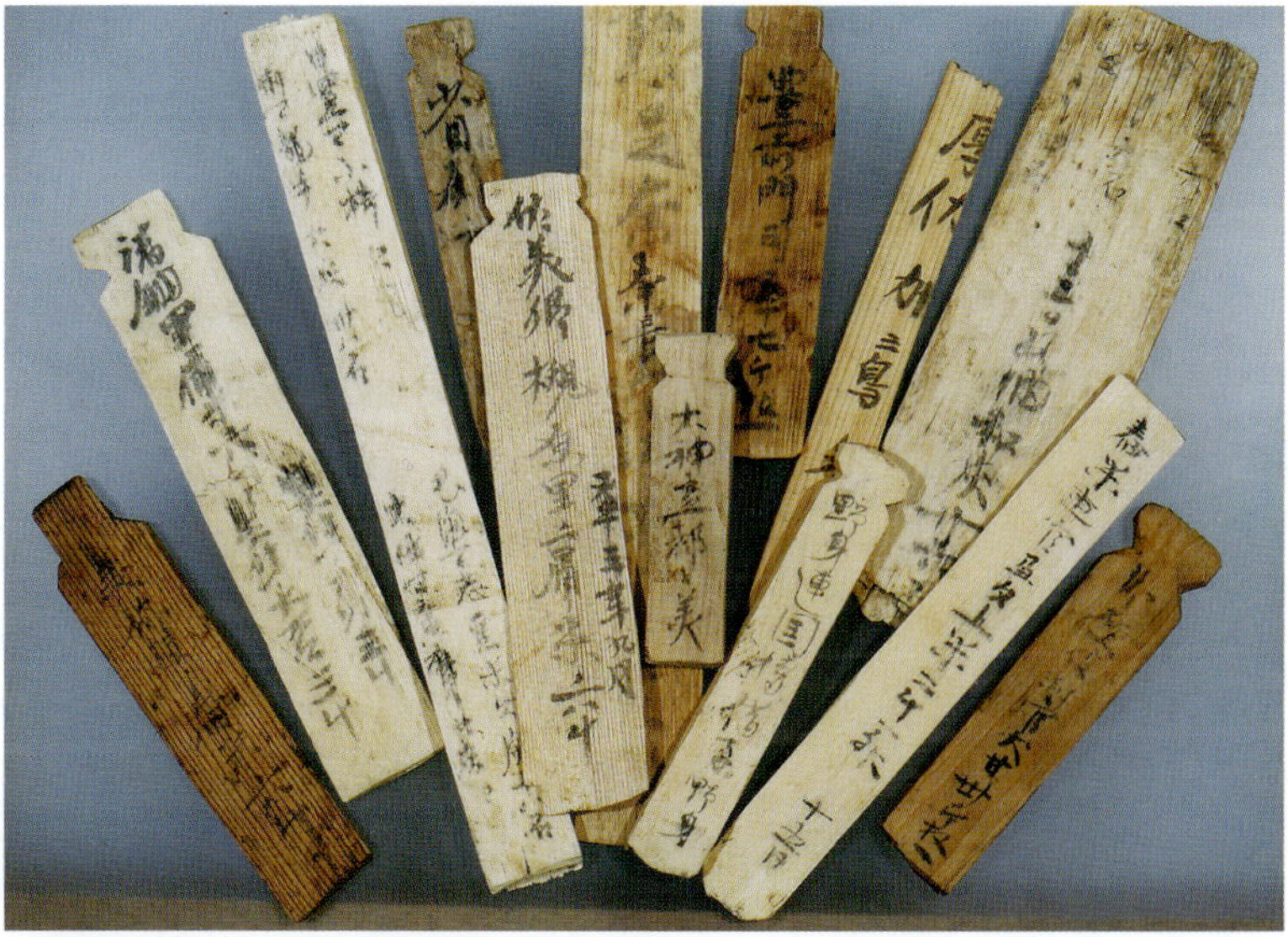

長登銅山跡から出土した大量の木簡

長登銅山跡出土のからみ（左・上中央）・羽口（上右・下中央・下右）

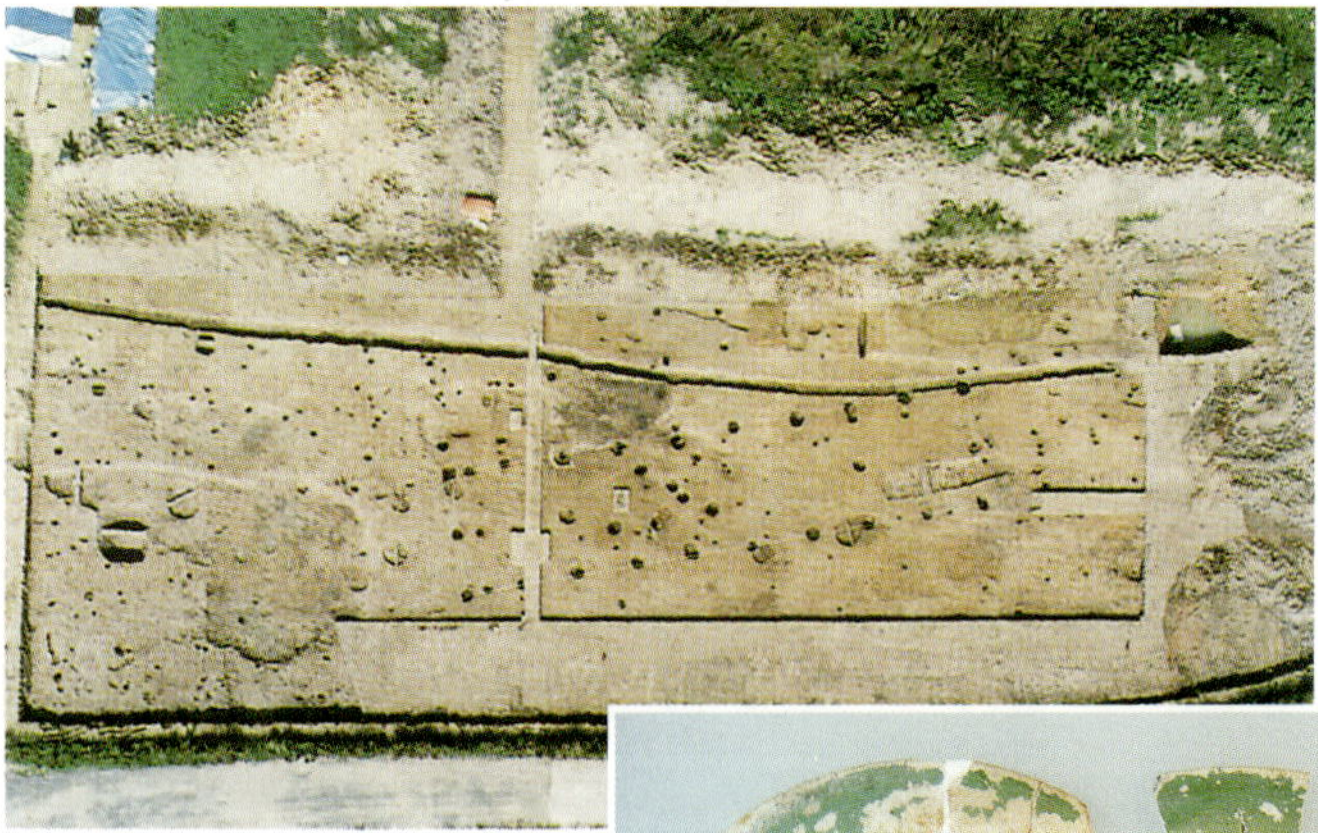

銅山に関わる官衙とされる平原第Ⅱ遺跡（上）とその出土遺物（右）

目　次

カバー写真　大切四号坑
装丁　吉永聖児

長登銅山跡

Ⅰ　伝説の銅山

1　国内最古の銅山

長登《ながのぼり》銅山跡は、今や奈良東大寺の大仏創建時の料銅や、和同開珎などの本朝十二銭の原料を産出した銅山として著名となり、現在のところ国内最古の国営銅山跡でもある。所在地は、山口県美祢市美東町長登である。

山陽新幹線新山口駅から、東萩行きのバスに乗ること約三〇分で、美祢市美東町の中心地大田中央にいたる。この大田に所在する「道の駅みとう」から北方をのぞむと、秋吉台の東端に展開する長登銅山の山々を遠望することができる。大田市街から北側の西中国山地の山並みに入り、比較的に緩やかな「呑水垰《のみずのたお》」を越えると、左手に「国史跡長登銅山跡」の立看板が立つ長登銅山入口バス停に着く。

呑水垰は、明治維新の先駆的戦いともいえる長州藩内訌戦「大田・絵堂戦役」の激戦地となった場所で、維新回天の地である。付近には高杉晋作・伊藤博文・山県有朋などが戦った関係史跡が多く残るが、それは、萩城下と赤間関（下関）を

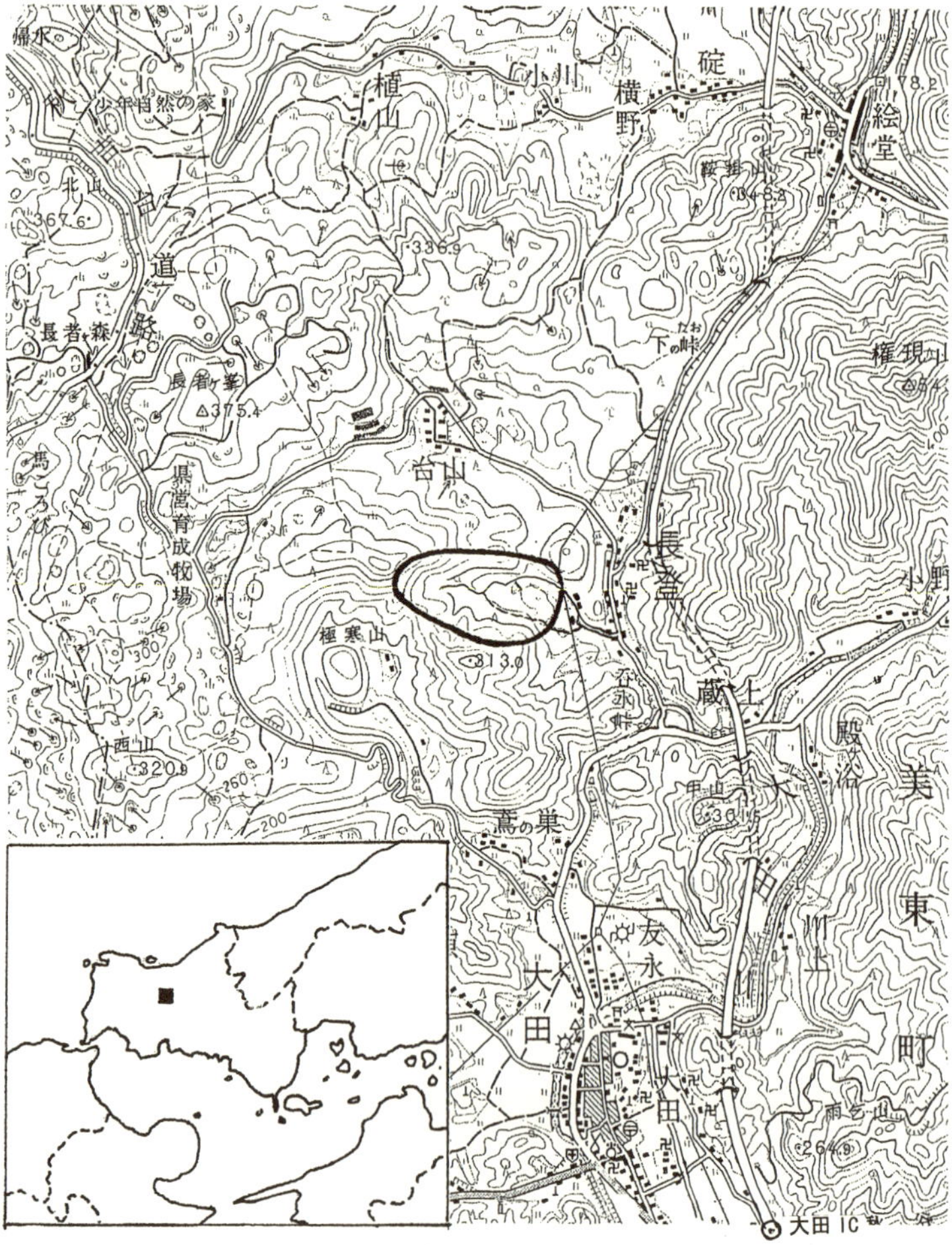
少年自然の家
植山
小川
横野
絵堂
鞍掛山
北山
367.6
336.9
道路
長者ヶ森
長者ヶ峯
375.4
下の峠
権現山
台山
県営育成牧場
長登
小野
極寒山
313.0
蔵上
美東町
西山
320.9
260
200
300
鳶の巣
友永
大田
川上
雨乞山
264.9
大田 IC

図１　長登銅山跡の位置

結ぶ近世の主要街道「赤間関街道・中道筋」が、この近くを通過していたからでもある。

長登銅山入口バス停から県道を左に折れ、平坦な市道を約三〇〇メートルばかり行くと、江戸時代鉱山町の名残を留める長登集落に入り、左手二〇〇メートルに長登銅山文化交流館（大仏ミュージアム）がある。長登銅山跡の入口に位置し、銅山跡から出土した多くの遺物が展示してあり、シアター室では銅山紹介の映像も観賞できる史跡のガイダンス施設である。ここまでは大型バスでも乗り入れが可能で駐車場も広い。

さて、史跡長登銅山跡は、山口県美祢市美東町長登字大切《おおぎり》・古山・花の山に所在し、おもに奈良～平安時代の遺跡を中心に、約三五万平方メートルの面積が二〇〇三（平成十五）年七月二十五日に国史跡に指定された。

広義の長登鉱山跡は、長登銅山文化交流館を中心に東西一キロ、南北二キロの範囲内に、一八カ所の採鉱跡群と一三カ所の製錬所跡が分布する。時代も古代、中世末～近世前期、明治～昭和と三期の黄金時代を経て、山中にはそれぞれの時代の遺構がよく保存されており、鉱山史を解明するには格好の遺跡であるといえる。

本書では、発掘調査が行われ国史跡となった古代銅山跡の様相を中心に記述するが、将来の調査展望を踏まえ、江戸期以降の鉱山跡についても若干触れておく。

2 奈良登り伝説

長登には、古くから「奈良の大仏に銅を送ったので、奈良登といっていたが、いつしか訛って長登になった」という地名伝承が語り継がれており、江戸時代末期の長州藩地誌『防長風土注進

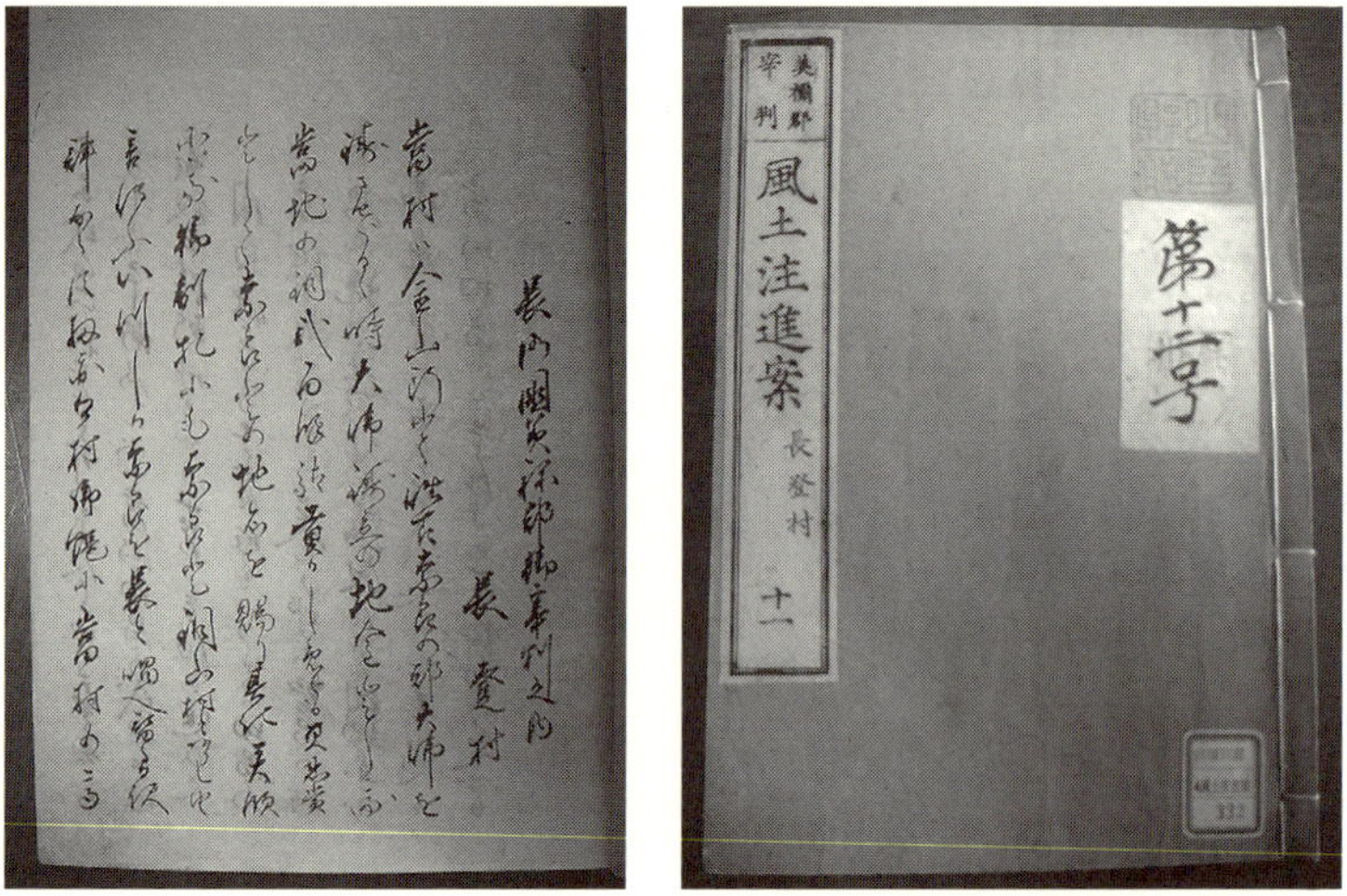

図 2　「防長風土注進案」長登村の項（山口県文書館蔵）

案』長登村の項にも、「當村ハ金山所にて往古奈良の都大佛を鋳させらる、時大佛鋳立の地金として當地の銅弐百餘駄貢かしめらる其恩賞として奈良登の地名を賜り、其比天領にて御制札にも奈良登銅山村とありし由言傳ふ、いつしか奈良を長と唱へ替たる譯詳ならす、……（略）」（図2）と、江戸初期の村名を混在した伝承が収録されていた。しかし、奈良の大仏は過去二度に渡って鋳直しが行われており、中世末以前の古文書にも長登の記録は皆無で、地名はこじ付けが多いことからも、信憑性のないものと受け止められて、長い間伝説の銅山として扱われてきた。

筆者は、高校時代に郷土研究部に属し、放課後や土・日曜日には、美祢郡市内の畑を歩きまわり、遺物採集にうつつを抜かしていた。三年生のとき、郷土の伝説を集成した折にも、奈良登伝説は扱わなかった。それは、『注進案』以外に伝説の根拠が皆無であったからである。

ところが、大学に進学後、東京神田の古本屋で小林行雄の『古代の技術』に接した。その第Ⅵ章を読んだときには、いささか驚いたというか感激した。小林は、古代の長門鋳銭司（所）の料銅供給地を美東町大田鉱山と推定していたのである。大田鉱山は、長登銅山の西隣りに位置する鉱山であるが、広義の長登銅山の範疇でもあった。後々思うに、明治・大正期に農商務省鉱山局が国内の重要鉱山要覧を発行しているが、小林はこのなかの大田鉱山の報文に記述された奈良登伝説を周知していたものと推測される。それは、工学部出身であったからとも推察できるが、大学者の直感は侮れないものである。筆者は、当時卒論で弥生時代箱式石棺墓に熱中していたので、新しい時代をやろうともせずに、このことは棚上げにしたまま時が過ぎた。

Ⅱ 発掘前夜——古代銅山跡の発見と初期の調査——

1 須恵器の発見

一九七二（昭和四十七）年春、大学を卒業となり、福岡県文化課の嘱託調査員を辞して、美東町教育委員会に就職した。父の病のため農家を継ぐ覚悟で、好きな考古学とも決別した形となった。当時美東町は、町制二〇周年記念事業を控えて「美東町史」の編さん中であり、筆者も事務局員として歴史とのかかわりをもつことができたのは、さいわいでもあった。

そんな九月のある日、編さん室の阿武孝太郎・吉永保義が、こんな物があったといって、長登から土器片をもち帰った。よく見るとまぎれもない須恵器である。地主の難波健作氏から譲り受けたとのことで、さっそく難波氏を尋ね、長登山中の考古学調査を始めた。

当時は、鬱蒼とした樹齢四十年生の松林のなかに、山道が鉄砲水で崩れた個所があって、須恵器片や土師器片が採集できた。現在の発掘現場プレハブが建っている裏手である。付近一帯に金クソ（からみ）が散在していて、金クソが付着した土

図3　1972（昭和47）年発見の須恵器

師器片も見つかった。いわば山のなかで、農業の生活基盤を考証するのは無理で、これはひょっとすると伝説の銅山に関係する土器かもしれないという思いが脳裏をかすめた。探索を重ね、須恵器の坏蓋の少々大きめの土器が採集でき（図3）、土器形式から奈良時代後半ごろと推定できた。須恵器は、坂詰秀一教授の指導で、学生時代埼玉県の須恵器窯跡の発掘にも参加し、文献も少々集めていたので大いに役立った。

奈良時代となるとこれはたいへんだ、あの奈良登伝説は本当だったのであろうかと、筆者の長登詣でが始まった。これが長登銅山跡との最初の出会いとなったが、今思えば、郷里に就職した因縁であった。

図4　1974（昭和49）年頃の大切製錬遺跡

2　初めての発掘調査

いずれは発掘調査を夢見て、まずは、美東町教育委員会として、付近の正確な地形測量を行うことから着手した。その年の冬休みに、美東中学校社会科教諭の岡山竜夫先生に援助いただき、同僚の大野龍男と生徒で平板測量に着手したのであるが、これがたいへんであった。腰丈程の藪を切り開き、松の枝をかわしては巻尺を引っ張りスタジア測量を行ったが、鬱蒼とした松林のなかで作業は遅々として進まなかった。明けて春休みや夏休みも継続したが、業務の合間の作業で、二年くらいは地形測量に明け暮れたと記憶している。それも、当時はごくあたり前のクラブ活動の奉仕作業頼みであった。

この作業と併行して、難波氏には採鉱跡を案内していただき、急斜面をよじ登り、教育委員会の仲間とともにロープで採掘坑内を探検した。難波氏は高齢であったので、途中から鉱山業に従事された大庭康太氏に案内を請うこととなった。

一九七四（昭和四十九）年五月、美東町文化研究会創立一周年で、機関誌『温故知新』を手刷りで発刊した。この冒頭に「古代長登（奈良登）銅山跡について」と題して、先述の小林行雄紹介の正倉院文書を引用し、須恵器の実測図を掲載して、古代銅山の可能性を論述した。また、当時山口県教育委員会社会教育課文化財係長の伊藤彰の紹介で、日本考古学協会の年報にも投稿した。これらが後々、葉賀七三男の目に止まることとなるのであるが、長登銅山跡の処女作として、暗中模索の論文ではあるが、忘れることのできない拙文となった。

さて、町教育委員会で地形測量に見切りをつけたのは一九七四年暮であったと思う。広大な土地で測量にかぎりがないことを悟り、試掘予定地付近が完成した時点で測量を中断した。試掘調査は、美東中学校生徒の手伝いをあてにして、一九七五（昭和五十）年十二月の冬休み期間に設定した。当時教育委員会に在籍の竹下奏秋吉台管理員・溝部公民館主事とともに硬い鉱滓層を掘った。あくまで試掘であるので一×二《メートル》のトレンチである。当時、発掘は破壊に繋がるという理論に同調していたので、試掘は最小限の範囲に留めた。地表下五〇《センチ》で硬い鉱滓層にあたり難渋したが、地下一・三《メートル》で湧水がいちじるしく発掘を断念せざるを得なかった。出土遺物は皆無であり、サンプルとして断面各層の鉱滓・砂・土を採取した。結果は考古学的には成果なく、進展のないまま時が過ぎることとなる。

3　葉賀七三男と県生産遺跡分布調査

その後、一九七七（昭和五十二）年の初夏であったと記憶しているが、突然社団法人日本鉱業会から電話があり、調査に出向くので対応をよろしくというような内容であった。筆者がかつて報告した内容の見聞に葉賀七三男調査役が来訪されたのである。鉱業遺跡の発掘に困惑していた時期だけに、葉賀の指導に大いに勇気づけられ、サンプリングしていた試料も化学分析することとなり、科学的な調査のメスが入るという新たな局面を迎えた。

葉賀は、通産省退職後、鉱業資源調査とともに鉱業史の研究を精力的に展開し、全国に残る鉱業関係遺物の掘り起こしに尽力していた。数編の論文も貸していただき、鉱山学を学ぶ足がかりを与えられた。金クソ（からみ）の化学分析の結果は、銅（Cu）〇・五四％であった（同和鉱業小坂精錬所分析による）。

一九八一（昭和五十六）年、山口県教育委員会が生産遺跡の分布調査に乗り出した。渡辺一雄専門員が担当し、鉱山・窯業・塩業を三年計画で行うこととなった。鉱山跡調査では、葉賀を指導者に迎え、筆者が美東町地域を担当した。これにより町内の新しい時期の鉱山跡まで踏査する機会に恵まれ、各地の案内者とともに十一月から二月にかけて町内二五の鉱山をくまなく踏査することができた。

この頃の概念としては、古代の採掘跡は近世以降の再開発で破壊し尽くされているというのが一般的な見方であった。しかし、榧ケ葉山に点在する坑口は、入口が小さく内部は鍾乳洞の部分もあったが、明らかに手掘りで拡大された箇所も散

図5　山神製錬遺跡の発掘調査

見でき、ズリ（鉱物含有の品位が少ない廃鉱石）も坑内に堆積しているなど、何回も入坑をくり返すうちに、どうしても古い時代だという勘が働いた。江戸時代の文献を紐解いても「往古盛んなり」との記述で詳細は不明。古代への思いは強くなり「古代長門国採銅所の予察」と題した小文を発表した。だが、正直なところ、確証もないまま半信半疑の段階であったと述懐する。

一九八三（昭和五十八）年六月には山口県地方史学会現地研究大会が美東町で開催され、銅山跡が話題となった。また、県教委の調査報告書では、葉賀の斡旋で、大阪三宝伸銅工業株式会社の久野雄一郎社長が銅からみの化学分析を担当した。これが、後々の東大寺大仏と結びつく端緒となるのである。

4　平安時代の火床炉発掘

一九八二（昭和五十七）年三月、大庭康太氏が羽口片を持参された。字山神の畑地から出土したということで、山神に炉が埋没していることが想定できたが、この春には人事異動で税務課に転勤したので、山神遺跡の試掘調査は中止となった。

一九八四（昭和五十九）年度にようやく試掘予算が付いたので、町教育委員会から要請があって、一九八五（六十）年三月下旬の土・日曜日を利用して発掘を実施した（図5）。調査指導を葉賀七三男と県文化課中村徹也にお願いし、運よく平安時代の火床炉などを検出した。火床炉は、一辺約四六㌢の隅丸方形で、深さは一四㌢の丸底状を呈し、全国で初めての古代非鉄金属製錬炉発掘となり、典型的な火床炉が確認された。

また、同年の梅雨は大雨が多く、字大切に埋設してあった町簡易水道管が谷の鉄砲水で露呈し、付近も深く抉られて土器片が散在していた。この現況を水道係や教育委員会に報告し、緊急調査を明くる三月の土・日曜日に実施した。この調査で初めて奈良時代の遺物が多数出土し、大切地区には奈良時代の遺跡が深く埋もれていることが確認できたので、将来への大きな指針となった。

Ⅲ　奈良の大仏と長登銅山跡

1　東大寺の発掘と取材・報道

一九八八（昭和六十三）年二月二十三日、美東町役場二階の大会議室で確定申告の相談業務を行っていた筆者に、ＮＨＫ奈良放送局の毛利和雄氏から電話があった。奈良東大寺の発掘で、奈良の大仏の銅が長登銅山産であることが判明したので、いずれ取材に訪れるという内容であった。突然の吉報、いや衝撃に、しばらくは呆然としていたような、そんな記憶がある。

報道規制が取られているので、口外は絶対無用とのこと、あまりの興奮と他言できない重苦しい気持ちのまま日々が過ぎた。三月二日には、発掘担当の奈良県立橿原考古学研究所の中井一夫から正式に電話があり、仔細が伝えられたが、これはたいへんなことになるという思いが脳裏を去来した。なぜなら、銅山と奈良の大仏の関係を証明することは、とても無理難題だという観念があったからである。

三月七日には同研究所から松永博明が来訪し、長登銅山跡を案内した。十日には毛利氏とＮＨＫ

山口放送局の平山氏らが取材に来られ、藪をかき分けて大切四号坑まで登り、無事録画取りを終えた。この頃からマスコミ各社の取材申し込みが殺到したが、本務の確定申告相談が終わるまで待ってもらい、十六日から十九日まで毎日数回は大切四号坑へ登るはめになった。うれしい悲鳴となったが、職場の同僚にはずいぶんと迷惑をかけたと思う。大切四号坑への急斜面には、とうとう登山道ができ上がってしまった。

　こうして、記念すべき一九八八年三月十九日夕刻のTVニュース、二十日の朝刊を迎えた。各社ともにトップニュースで東大寺大仏創建時の遺跡発掘を報道し、紙面ではいずれも第一面に大きく取り上げられていた（図6）。付随して、銅の産地は山口・長登銅山と紹介され、一躍長登銅山跡が全国的に知られる発端となった。

　これは、東大寺出土の大仏創建時の銅塊を化学分析した久野雄一郎が、以前分析されていた長登銅山跡出土からみとの比較により、砒素の含有率が高いことや銀を含むこと、鉛同位体比の値が近いことなどを根拠に、奈良の大仏の銅は長登銅山産と発表したのである。

　さて、東大寺大仏殿西廻廊西隣りの発掘調査は、奈良シルクロード博覧会を控えての事前調査で、先述の通り発掘担当は中井一夫である。旧谷地形を地表下四《メートル》まで掘り下げられた結果であり、とことん掘り抜くという姿勢がもたらした幸運であった。この調査では、創建当時の遺物が出土したが、とくに木簡が多く出土し、「釜破中□□」「右四竃卅斤」などと大仏鋳造の生々しい記録が京都教育大学の和田萃によって判読された。注目に値するのは、「薬院」「悲田院」などを記す木簡で、光明皇后が創設したとされる病院の「施薬院」や孤児院の「悲田院」が証明されたのである。光明皇后が夫の聖武天皇を助け、世界的大事業を成し遂げた生々しい史料が世に出たのである。

2　一九八八年の試掘調査

さて、寝耳に水の地元美東町では大騒ぎとなった。伝説であった「奈良登」が真実となったのである。しかも、世界的に有名なあの「奈良の大仏様」の原料を供給したことが科学的に実証されたのであるから、町民の故里に対する驚きと敬愛は一気に高揚した。そして、大仏を建てよう、観光開発を、といった議論が町内を飛び交った。町財政が悪化の一途をたどり、再建団体へ一歩手前のところに、淡い希望の光が差し込んだのである。

　その年の四月には、美東町議会に「長登銅山跡地調査開発特別委員会」が設置された。筆者も学識経験者として参与に

朝日新聞　1988年(昭和63年)3月20日　日曜日　38312号　(日刊)

大仏建立時の資料、東大寺で出土

多数の木簡や溶銅塊

光明皇后の尽力裏付け

使用銅は山口産　成分同じ

溶銅塊や木簡が出土した発掘現場＝奈良・東大寺境内で朝日新聞社機から

「薬院依仕奉人」と読める木簡の表

「悲田　悲□院」と読める木簡の裏

図6　1988（昭和63）年3月新聞記事

図7　大切地区試掘調査報道発表

参入され、本務の税務職をさせておいて委員会や現地案内に携わった。この結果、長登銅山跡の開発は先送りとし、実態を把握するために試掘調査が先決であるとの意見が町議会でも採択された。観光開発策が論議されるなかで、松野町長や町議会の英断は卓見であったと今でも当時を評価したい。

七月から調査の準備に入り、八月末の一週間で試掘を行うこととなった。筆者にとっては久々の発掘で楽しい思いもあったが、マスコミから注目される調査で、いささか緊張してのぞんだような記憶がある。二×六《メートル》の試掘坑を設定し、地山面で白色粘土のブロックを検出し、トレンチコーナーに炭灰の充満した土坑を確認した。出土遺物も、地山面から奈良前半期の古い須恵器が出土し、また、「大家」と記した墨書土器（第Ⅸ章1項参照）の発見により、試掘としては大きな成果を得た。

調査指導を葉賀に依頼したが、マスコミ取材の対応に追われながらも、葉賀のニコニコした顔があり、長登銅山の山中は活気にあふれていた。

この「大家」は、山口大学八木充の釈読によるものであるが、墨書土器が役所施設の存在を推定する貴重な遺物となり、国庫補助金が内示されることとなった。

Ⅳ　本格的発掘調査の概要

1　第Ⅰ期（一九八九～一九九一年）

(一) 一九八九（平成元）年度

こうして一九八九年四月、美東町教育委員会では新たに文化係が設置され、係長として着任して以来、本格的な発掘にのぞむこととなった。調査体制は筆者と兼務辞令の岩本明央公民館主事の二人という貧祖なものではあったが、税務課時代の発掘にくらべれば恵まれており、七年振りのカムバックに燃えていた。

ただ、調査対象がとてつもなく大規模であることに不安もあり、山口県埋蔵文化財センターに調査協力の依頼をしたが、当時県内ではほ場整備事業が集中しており、調査員はこれに手一杯の状況で、銅山跡の調査経験がある筆者が主体的に実施するのがベストだということになった。したがって、国県補助事業として町単独で「重要遺跡確認緊急調査」の申請を行うこととなった。

調査は、当面三年計画とし、次のメンバーに調査指導委員を委嘱した。

葉賀七三男（日本鉱業会・鉱業史）

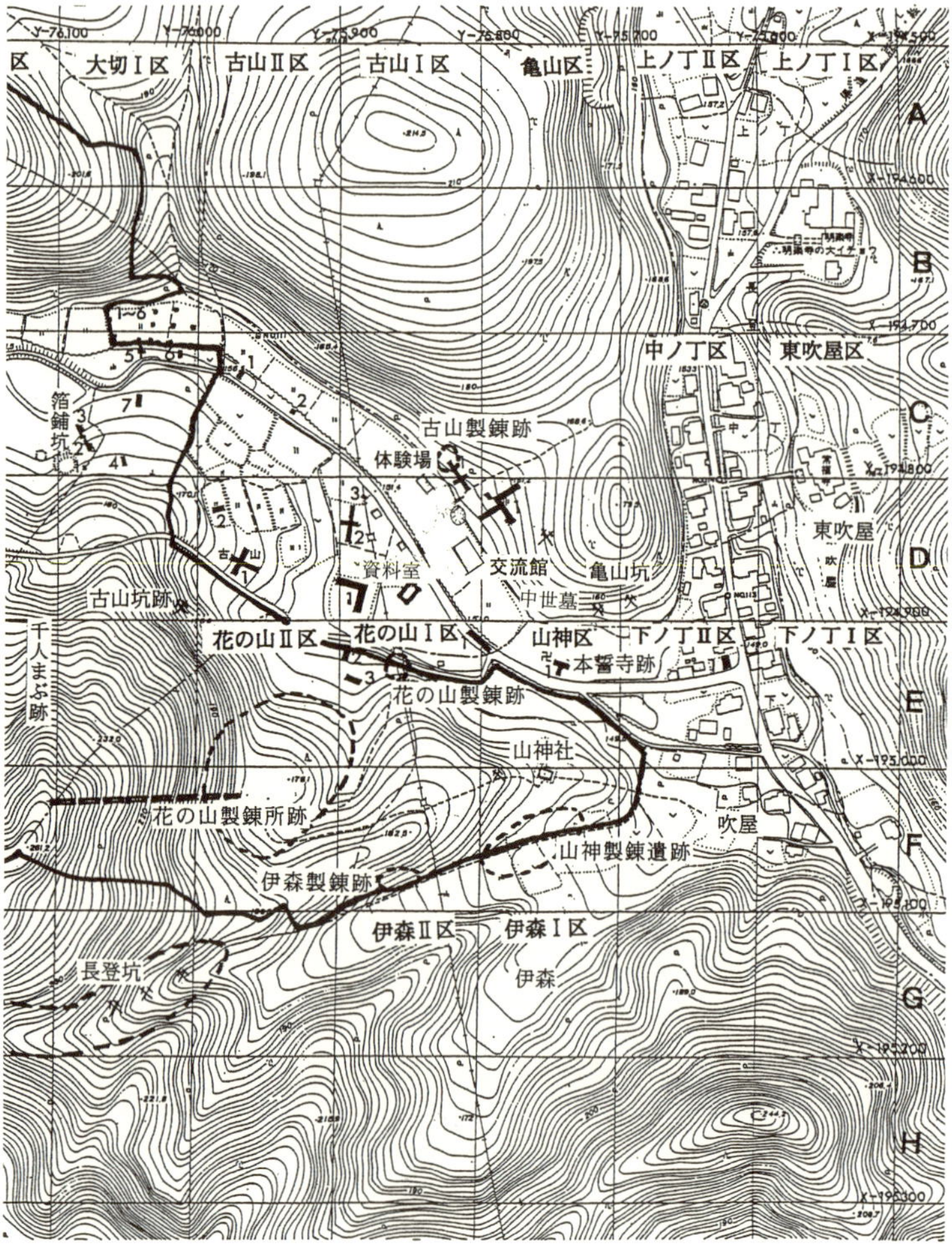
区
大切Ⅰ区
古山Ⅱ区
古山Ⅰ区
亀山区
上ノ丁Ⅱ区
上ノ丁Ⅰ区
A
B
中ノ丁区
東吹屋区
箔
鋪
坑
C
古山製錬跡
体験場
東吹屋
D
資料室
交流館
亀山坑
古山坑跡
中世墓
花の山Ⅱ区
花の山Ⅰ区
山神区
下ノ丁Ⅱ区
下ノ丁Ⅰ区
千人まぶ跡
本誓寺跡
花の山製錬跡
E
山神社
花の山製錬所跡
吹屋
F
山神製錬遺跡
伊森製錬跡
伊森Ⅱ区
伊森Ⅰ区
長登坑
伊森
G
H

図８　大切谷発掘調査区割図

八木充（山口大学人文学部・古代史）
島畝史（山口大学工学部・鉱物学）
近藤喬一（山口大学人文学部・考古学）
巽淳一郎（奈良国立文化財研究所・考古学）

また、一九八九年度は、特別指導者として、広島大学潮見浩、福岡大学小田富士雄のほか、橿原考古学研究所中井一夫や三宝伸銅工業（株）久野雄一郎、宮内庁正倉院事務所成瀬正和、元興寺文化財研究所内田俊秀にも指導を受けた。調査参与は、文化庁の松村恵司調査官、山口県埋蔵文化財センター中村徹也次長、山口県教育委員会渡辺一雄係長に依頼し、調査の体制は整った。

一九八九年度の発掘は、分布調査の第一年次として、大切谷のからみ堆積範囲を確認することを目的とし、谷三カ所にトレンチを設定した。また、長期展望に備え、二五〇〇分の一地形図を作成し、一〇〇《メートル》の座標メッシュを設定して、地区割を行った。発掘は、あくまで試掘調査であり、遺跡の破壊を極力押さえるため、幅二《メートル》の縦長の小規模トレンチを主体とし、しかも、すべて民有地であるので樹木の伐採を避けてトレンチの設定を行った。

また、調査も端緒についたばかりで、調査機材も少なく、測量機器やテントは借り物で、きわめて侘しい発掘調査であった。筆者の同級生で町議会議員でもある岡村啓志氏が叱咤激励を兼ねて現場を視察、電気もないところで仕事をしているのかと驚いていたが、山奥であるので致し方ない。昼や休憩のお茶は、羽釜で湯を沸かすというキャンプさながらの生活である。また、山間の小盆地で寒暖の差もいちじるしく、夏期の午後休憩にはかならずアイスクリームの買出しに行き、冬期は焚き火を囲みながら作業を行った。作業員さんは町民であって、われわれ地方公務員のスポンサー

図9　1989（平成元）年度調査説明会

でもある。和気藹々と冗談をいいながらずいぶんと気配りもしたが、作業員さんの談話は大いに人生勉強となった。

さて、第一年次には、大切ⅠC区の2T・3Tで、九世紀代の粘土採掘坑群や緑釉陶器・薄い溶解炉片が検出された。大切ⅡC区では、緩やかな斜面の1Tで、選鉱作業場が確認でき、2Tでは多量のからみの堆積と、地下深く落ち込む径二《メートル》程度の落ち込みを検出し、あるいは立坑かとも推定できたが、危険で掘り下げを途中で断念した。大切ⅢC区1Tは、谷の中央部分にあたり、水成堆積した小からみ・砂の互層二十数枚を確認した。

調査は、七月二十七日から十二月十一日まで、都合六一日間実施した。夏休み期間中は、県埋蔵文化財センターOBでもある前田耕次・篠田忠夫・大村秀典ら学校の先生たちの助力によりたい

図10　大切ⅢＣ区２Ｔの調査風景

へんはかどった。しかし、九月以降は、一般事務や会議・行事なども消化しながら、発掘に没頭するというわけにもいかず、断続的に翌年二月まで補足調査をつづけ、埋め戻しは三月に終了した。

（二）一九九〇（平成二）年度

調査二年目にあたり、新たに文化係主事として白井一禎が採用されてともに調査に従事することとなり、ずいぶんと楽になった。この年度は、製錬の実態を把握するため、中枢部と目される一九八八（昭和六十三）年度調査地点を拡張することとした。この地点は、以前、中村徹也の助言で調査地点とした場所であり、比較的平坦地が連続している地形であった。

当時、町としても調査員の増員を考えていたが、埋蔵文化財行政は三Ｋ職場の代名詞のような風潮で、なかなか発掘に従事する者がいない。考古学を専攻した学生もほとんど会社に就職するという時代で、今思えばバブル経済の真っただなかにあったのである。中村徹也の紹介で、奈良大学教授の水野祐一を訪ね、学生の派遣を依頼し、やがて山口県出身の清喜裕二がやってきた。また、国学院大学生の岡村良和も参加し、心強い子分が二人できた、そんな感じであったので、一軒家の宿舎を斡旋し、我が職場のソフトボール対抗戦や夏祭りなどにも引っ張り出し、田舎の夏を堪能してもらった。彼らはその後、考古学の第一線で活躍している。

　発掘は、以上のメンバーが揃った七月二十日からスタートした（図10）。地表から二〇《センチ》下はからみの層で、来る日も来る日もツルハシで硬いからみ混じりの砂礫層を掘った。地表下一・二〜一・六《メートル》で黄色真砂土の地山面が検出でき、遺構の探索に入った。八月二十日、赤茶褐色に焼けた硬い焼土面が検出され、移植ゴテも歯が立たない。製錬炉跡であろうか、応援に駆けつけていた前田耕次と検討を重ね、最終的には葉賀の指導を待って、日本最古の製錬炉確認（第Ⅸ章2項参照）となった。次々と炉跡が検出され、製錬作業場ということにした。

　夏休みも終わって教員や学生たちも帰京し、大切の山中はまたまた寂しくなった。白井と作業員で、谷の部分の掘り下げを継続した。だんだん深くなり不安も募ったが、アワビの殻・栗のイガなど生々しい動植物遺体が出土し、谷泥土の発掘は、バケツに紐をつるして引き上げるという発掘になった。谷底は地表下四《メートル》まで達し、九月十二日に終了した。

　二次調査は、十月二十二日から開始し、遺跡南限調査のため、三カ所のトレンチを設定し、上の溜池上手に設定したトレンチより弥生土器が出土

図11　出土した弥生土器

した（図11）。弥生中期初頭頃、秋吉台上から水を求めてきたものか、あるいは自然銅採取にかかわると考えられるものの、遺構との関連が明確でないので、言及は保留している。鉱山の開発が、二千年前にさかのぼる可能性があるといえよう。

なお、一次調査で深掘りした大切ⅢC区2Tの溝がどうしても気にかかり、深さ四《メートル》の断面からみ層も強固で崩落の危険性が少ないので、さらに東方向へ五《メートル》拡張して、谷溝の状況をみきわめることとした。この決断にはずいぶん難渋したが、本書第Ⅸ章3項で詳述するので参照されたい。

拡張トレンチは、谷の中央部にあたり、地表下一・二《メートル》のレベルから「上申…」と読める木簡が出土し、さらに地表下三《メートル》レベルまで下がった十一月十三日より木製品や木簡が出土しはじめ、十五日には「天平四年四月」の塩の貢進物木簡が出土して興奮に包まれた。以後三〇《センチ》掘り下げるのに二、三日を費やしたが、一〇〇点近い木簡が出土して画期的な調査となった。木簡判読は指導委員の八木充が担当し、奈文研の巽淳一郎や寺崎保広がいち早く来山して、奈良国立文化財研究所で赤外線調査を実施することとなり、十二月十七日に舘野和己や森公章の協力のもと、釈文を十二月二十日に報道発表して、一躍「長登銅山跡」が学術的に全国に認識されることとなった。

明けて一九九一（平成三）年、八木の紹介で山口大学から井上信正が応援に駆けつけ、トレンチに溜まった湧水を半日がかりで排水しながら、さらに数十点の木簡が出土した。木簡の整理や大溝横断面図の実測に手間取ったが、三月から野上由加里が補助員として加わり、四月三日に終了した。

（三）一九九一（平成三）年度

第Ⅰ期調査の最終年度にあたり、遺跡の範囲確認を命題としていたが、これまでの発掘経験から遺構面は深く遺物も多く出土するので、とても三年で範囲を限定することは無理であることが察知され、さらに調査期間を延長することを決めていた。

当面一九九一年度は、工人たちの住居地候補として谷南斜面の大切ⅢB区、また、遺跡の東限確認として大切谷入口の古山ⅠD区・花の山ⅠE区にそれぞれトレンチを設定した。

一九九一年度は、四月から綾木の岡の台パークタウンの住宅開発緊急調査に追われていたので、長登銅山跡の調査は八月五日になって開始した。なお、昨年の木簡出土によって重要遺跡の認識が高まり、奈良国立文化財研究所長田中琢の配意により、奈良から小池伸彦が新たに調査員として着

図12　大切ⅢＢ区１Ｔの発掘調査風景

任され、心強い助っ人の来山とマスコミにも騒がれる遺跡となったことで、心気一転思いを新たにさせられた年であった。

大切ⅢＢ区に三本のトレンチを設定し、２Ｔ、３Ｔから順次発掘を行い、八月二十一日調査指導委員会を行って、１Ｔの発掘を開始した。九月からは、小池に代わって巽淳一郎指導委員が奈良文研から着任し、１Ｔの深掘りを継続した。九月一四日、巽が帰京された翌日に大型台風一七号が襲来したが、これはともかくも、九月二十七日にふたたび大型台風一九号が襲来して、これは六〇年振りという前代未聞の台風で、調査事務所のプレハブも吹き飛ばされて再建不能となり、１Ｔには四〇年生の杉の大木が数本倒れ、谷水の大被害を被った。さいわいにも、一七号の経験から重要書類などはプレハブから避難していたので、調査上の障害は最小限に留めたが、１Ｔの復旧にはずいぶんと手こずった。うわさに聞けば、この台風で県下数カ所の発掘調査現場プレハブが被害に合い、書類などが吹き飛ばされたという。

　1Tのトレンチ南端は、谷筋に当たったためかどんどん深くなり、最終的には地表下五メートルにも達した（図12）。地表下四メートルで丸木が検出され、数本が横ならびになって何かの仕掛けである様子がわかった。周囲を掘り下げると立杭の頭部が枝分かれのV字状となり、この窪みに横木が架設される構造となっていた。地下谷水の汲み上げや泥土との戦いで、狭いトレンチ内は泥合戦の様相を呈したが、木組みの全体像が徐々に理解できるようになり、最終的には暗渠排水溝と判定できた。排水溝は西・東壁に連続しており、トレンチ南端部で運よく行き当たったものである。

　十月三十一日には「作美郷・天平三年」の庸米木簡を検出した。十一月下旬の大雨でトレンチ壁面が崩落し、復旧に難渋したが、十二月二十日には断面実測図も完了し、年が明けて埋め戻し作業を行い、三年度調査を終えた。

　この年七月には、採掘坑群の測量調査を委託していた山口大学洞穴研究会が、榧ヶ葉山露天掘一号坑内で須恵器片を採集し、奈良時代前半の採掘跡を実証（第Ⅸ章4項参照）することができたが、これは希なできごとといえる。十一月十三日に、再度若手の調査関係者（松村・巽・小池・白井）と入坑調査したが、先に採集した須恵器坏に接合する破片が採集でき、学生の採集を裏づけることができたのは感激であった。露天堀底の横坑は、入口付近に深い立坑があり、度胸がなければ奥へは入れない。山大洞研のメンバーと若き日の調査関係者の面々は、日本最古の坑道を満喫したわけである。

図13　大切谷入口の調査（1992年度）

2　第Ⅱ期（一九九二〜一九九五年）

（一）一九九二（平成四）年度

第Ⅱ期調査に入るに当たって、調査体制の充実が大きな課題であった。専門の調査員を増員することで松野町長の了解を得て、四月からは新任職員として森田孝一が着任した。森田は、山口大学資料館や県埋蔵文化財センターでの実績もあって、即戦力として良きパートナーとなった。

第Ⅱ期調査は、古代遺跡の分布範囲を明らかにすることが課題であった。初年度は、東側を探る目的で、大切谷入口に七カ所のトレンチを設定した（図13）。八月七日から調査を開始したが、遺物皆無のトレンチが多く、わずか、古山ⅠC区1Tで十四世紀末から十五世紀初頭の製錬場を検出し、山神E区1Tで近世以降の炉跡と墓壙が検出されたにすぎない。十二月十日には、土井ケ浜人類学ミュージアムの松下孝幸に人骨調査を依頼し、一体は女性と推定された。山神E区は本誓寺跡境内で、E区の南半部は江戸期の女郎町があった杉山町に該当するので、あるいは、これに関連する墓壙と推定される。この本誓寺跡から東域は、近世期の製錬跡が広く分布している。

十一月三十日からは、大切製錬遺跡の南限探索のため、木簡出土地点の南上手の斜面にトレンチを入れた。八世紀の製錬作業場が確認できたが、土坑が繁雑に検出されて建物復元にはいたらない。ただ、トレンチ北端に柱穴と鉄製のロクロカンナが検出され、官衙建物の木工所を推定できる貴重な地点となった。

明けて三月三十日には、近世炉跡の断面剥ぎ取り等を行って、調査を終了した。

（二）一九九三（平成五）年度

七月二十八日に秋吉台で開催予定の「全国自然公園大会」に、皇太子殿下が来訪の予定で、長登銅山跡も視察候補地となっていたようだ。その頃長登銅山跡や発掘現場の見学者も増加し、美東町としても案内対応の必要に迫られ、急遽案内所の設置に取り組むこととなった。プレハブづくりの「長登銅山跡休憩案内所」を七月に建設し、発掘出土品の展示も兼ねた資料館が完成した。しかし、皇太子殿下はお妃の雅子さま同伴となり、山間部の警備に難渋する長登銅山跡が視察候補地に上ることはなかった。だが、お陰で長登には案内所兼資料館が完成し、以後の発掘調査の拠点施設として大いに機能した。そして、これまで残業を主体としながら出土遺物の整理を進めていたが、新館で報告書の作成編集業務がさらに進行することとなった。

図14　大切ⅣＣ区の発掘調査（1993年度）

調査は、十一月八日に開始し、大切製錬遺跡の西限を確認する目的で、大切ⅣＣ区・ＶＣ区に試掘坑を設定した。大切ⅣＣ区の緩斜面は、等高線に併行と直行の十字トレンチを設定。地表下二〇㌢位からからみや遺物が出土しはじめ、深さ五〇～六〇㌢の比較的浅い遺構面で粘土採掘坑群や炉跡が検出された。出土遺物は、糸切底の土師器坏や高台付坏、黒色土器、斧前式鉄鏃、鉛銅小片、鉛付着土師器甕など九世紀から十世紀の遺物が多く出土し、時期が新しくなると作業場が谷の上手に移動したことが確認できた。そして、大切ⅣＣ区２ＴＡでは、径二五㌢程度の典型的な火床炉が重複して検出され、作業場を区画する溝も確認されたので、さらに拡張することで次年度に繰り越した。

また、大切ＶＣ区の急斜面に石垣と平坦面があるので、この確認で十一月三十日から直行のトレンチを設定したが、遺物は皆無で近世期以降の畑地と推定するにいたった。

十二月十五日からは、大切谷中央部の様相をみきわめる目的で、大切ⅡC区3T、ⅡB区1TにL字状のトレンチを設定した。深くなることを予想して、これまでにない幅六《メートル》以上を設定したので、表土の除去に、初めて機械掘削を導入した。

明けて一月二十九日は三十年振りの大雪に見舞われ、調査は断続的に継続した。大切谷中心部は、ⅡB1Tの北端で石灰岩侵食粘質土層と花崗岩真砂土の境が明瞭となり、地表下一《メートル》まで掘り下げて次年度へ繰り越した。

大切ⅣC区の遺構実測は、業務の合間仕事となり五月までもち越した。五月はとりわけ鳥の囀りが爽やかで、かつうるさいときもあり、キツツキのテンポのよい音に励まされながら実測したことが思い出される。

(三) 一九九四(平成六)年度

この頃、県下ではほ場整備に関連する緊急調査に追われ、団体営ほ場整備事業は市町村が事前調査することが決まり、七月からは聞波遺跡の調査に追われた。また、県営ほ場整備用地ではあるが、平原第Ⅱ遺跡が工事立会い調査となっていることに疑義を抱き、急遽県文化課や文化庁と協議して、「長登銅山跡重要遺跡確認緊急調査」の一環として町と県で発掘することとなり、九月二日に調査を開始した。それは、前年度の試掘調査で緑釉陶器片やからみを検出していたからにほかならない。

田んぼの耕作土は機械掘削を行ったが、厚さ三〇《センチ》の遺物包含層はすべて手掘りで行ったので、遺物も予想外に多く出土し、終了は十月中旬となった。この平原第Ⅱ遺跡は、ほ場整備で遺構面が削除される部分のみの調査としたが、運よく二

図15　平原第Ⅱ遺跡の発掘調査

間×九間の掘立柱建物跡や庇のなかに整然と並んだ鉛製錬炉四基、井戸跡、池跡などを検出した(図15)。

遺物も、墨書土器、緑釉陶器、灰釉陶器、製塩土器、鉛インゴット、鉛からみ、坩堝などが出土し、九世紀の官衙跡であることが明らかとなった。古代の建物跡も県下では最大級で、奇しくも長登銅山跡に関連する遺跡となったが、長門国採銅所を彷彿とさせるようで、緑釉陶器＝長門国瓷器の量の多さや古代顔料の胡粉・鉛白＝丹などを解明する重要な遺跡となった。

また、隣接する平原遺跡の事前調査は一九九五年度に計画されていたが、その傍らに町道の付け替え予定地があり、原因者が町なので、町道部分は町教育委員会で調査することとなり、引きつづき平原遺跡の緊急調査に入った。調査は十一月八日に表土剝ぎ立会を始め、遺物を確認して十日か

図16　大切ⅡＣ区３Ｔ・４Ｔ調査風景

ら本格的な調査を開始した。七世紀の竪穴住居跡数棟と炉跡一基を検出し、現地説明会を十二月四日に行って、十二日には慌しかったほ場整備関連の調査すべてを終了した。

ちなみに、平原第Ⅱ遺跡と平原遺跡の間約一〇〇《メートル》の間の遺構確認は、山口県教育委員会主催の「平成六年度文化行政担当者研修会」の会場となり、十一月十四日、奈良文化財研究所の西村による遺構探査レーダー調査講習会が実施された。これにより、竪穴住居跡などの深い窪みはないと判断されたが、平原遺跡寄りには、一九九五年度の県教委調査で掘立柱の倉庫群が検出された。平原第Ⅱ遺跡でも七世紀の倉庫跡が一棟確認（図69）されているので、連続する遺跡として認識する必要があろう。

以上のような状態で、長登銅山跡の調査は年が明けて一月九日から開始することとなった。この年度は、大切谷中央部の探査が主目的で、大切ⅡC区3Tの東に新たに大切ⅡC区4T（五《メートル》×一〇《メートル》）を設置して、これを先にみきわめることとした（図16）。発掘の結果、テラス状の遺構を確認し、さらに北側は深い溝となっているので、トレンチを北側に拡張して東西大溝の状態を検出した。結果は、地鎮祭関係土器や木簡二点を検出し、南北大溝二本との合流点も確認できた。トレンチ東端の下流域には、遺物が少なくなることが認識された。この地層断面は花粉分析調査を実施し、往時の植生の把握に努めた。

　この年は、四月から神田高宏が調査補助員として着任していたので、各地の発掘がスムーズに進行した。また、八月から山口大学の高橋智也や片岡亜紀がアルバイトで参加していたが、二月十五日からはさらに山大生の田嶋正憲、佐々木達也、重根弘和が参加し、一九九五年度まで調査や遺物実測を手伝ってくれた。今は皆、考古学分野で活躍している。調査は、三月二十一日現地説明会を行い終了。

（四）一九九五（平成七）年度

十二月六日に調査開始。一九九三年度に設定していた大切ⅡC区3TとⅡB区1Tの深堀を行ったが、深くなるのを予測して階段掘りとした。

　途中で石列をともなう近世期以降の道路遺構を検出したが、おそらく明治期の大切竪坑につづく馬車道と推定される。このトレンチは大切谷下流域で、東西大溝と南北の大溝が合流する地点であり、上流からの堆積土がいちじるしい。南北大溝は、一九九〇年度発掘の大切ⅢC区2T大溝の下流域に当たると推定され、木簡二点のほかに木製の目籠や草履等が出土した。とくに馬の頭骨部分のみが出土し、土俗祭祀の名残と推察される。

図17　大切ⅢC区4Tの木簡出土状況

三月二十五日、調査指導委員会を得て終了となった。

3　第Ⅲ期（一九九六〜一九九八年）

（一）一九九六（平成八）年度

葉賀の体調不良で一九九五年以来空白となっていた鉱業史・冶金学関係の調査指導委員として、新たに植田晃一を迎え、七月十六日に調査指導委員会を開き、八月九日に調査開始。

第Ⅲ期調査は、これまでの遺跡範囲確認から一歩進んで、遺跡の性格をみきわめるために遺跡中心部の調査を主眼とすることとなった。

まず初年度は、一九九〇年度に多数の木簡が出土した、大切ⅢC区2T大溝の東側上手を探索し、役所建物を確認することを目的に、大切ⅢC区4T・大切ⅡC区5Tを設定した。そして、これまでの調査の経験から極力大きなトレンチを設定する方向で、広い所で幅七メートル、長さは等高線に併行に二五メートルとした。

これが効を奏して、平坦地形の様相が把握できることとなり、大切ⅢC区の南北大溝は、上幅一二メートルで、人工的に加工された溝であることが判明し、東の丘陵幅一八メートルを隔てて、さらに上幅一五メートルの南北大溝が確認された。そして、これらの溝から多くの木簡が出土し（図17）、平城京跡・藤原京跡・下野国府跡・大宰府跡に次ぐ出土数（五一〇点）となり、生産遺跡の木簡として一躍重要遺跡にランクされることとなった。

丘陵上には、炉跡や掘立柱建物が検出され、製錬作業場であることから、さらに上手に役所建物が想定されることとなったが、上手には近世期築堤と推定される溜池があるので、遺構面の一部破壊が予想される。

明けて一月からは、四酢酸《しさくさん》で木簡のシミ抜きを行いながら、赤外線カメラによる判読調査を併行し、三月二十九日に現地説明会を開催して終了した。

（二）一九九七（平成九）年度

発掘調査は六月十八日から開始し、昨年度からの継続で、大切ⅢC区4Tおよび大切ⅡC区5Tのトレンチ下底部の完掘をめざした。新たに木簡一〇〇点あまりや木簡削り屑が多量に出土し、この対応処理に追われた。

そこで、昨年度出土した木簡も含めた赤外線判読調査を、八木・橋本義則を中心に断続的に九月までつづけ、七月二十三日には国学院大学大学院の石崎高臣が木簡整理のため来山し、助力を得た。

十二月六日には、一九九六・一九九七年度出土の木簡を木簡学会で発表・展示のため、朝四時三〇分に森田・神田・筆者の三人で木簡を公用車に積み込み美東町を出発。昼に奈良文化財研究所に到着しておもな木簡の展示公開を行った。この年には、飛鳥池遺跡の二次調査が開始されて、大規模な金属工房の実態が解明されつつあり、生産遺跡に注目が集まってきた。

年が明け、大切ⅢC区4Tおよび大切ⅡC区5Tの実測に明け暮れたが、ⅡC区5Tの東を拡張して、一九九〇年度のⅡC区2T選鉱作業場との連続性を確認した。三月二日から京都大学大学院の竹内亮が約一カ月来山し、木簡の整理に従事した。三月二十七日調査指導委員会を得て終了。

（三）一九九八（平成十）年度

五月二十五日から二十七日まで第四回国際金属歴史会議が松江市で開催され、長登銅山跡の調査を発表のため出張。帰途、中国北京科学技術大学の李延祥を自家用車で同伴し帰郷。二十八日には、別働隊の植田晃一・井澤英二とイギリス大英博物館冶金学のポール・クラドック、韓国ソウル大学の羅亨用が合流した（図18）。大切ⅢC区4Tの炉跡遺構を案内して意見を求め、大切四号坑等も案内した。六月二十三日に九年度の調査実測を終了。

この年八月四日に、長登銅山跡の整備を検討するため役場内に長登銅山跡地開発プロジェクト会議が発足し、資料館建設を命題として会議を重ねている。また、九月三日から山口大学洞穴研究会に委託して、榧ヶ葉山山頂部の立坑調査を開始。十月十一日には、木簡保存処理のため埼玉県川越市へ公用車で輸送するなど、半年間は諸々の雑務に追われていた。

ようやく十月二十日、一九九八年度の調査を開

図18　大英博物館クラドック博士らの視察

始することとなり、五年度以来、大切ⅣC区2TAの九世紀製錬作業場の拡張調査が課題であったので、トレンチ周囲を二メートル拡張し、張り床面の掘削で、鍋様の鋳型が出土した。大切ⅣC区2TAの重複した火床炉群は、炉底土の化学分析から鉛の製錬炉の可能性が指摘された。

なお、一九九八年度は大切谷の中間地点を重点的に調査して、遺物がないことを確認した。また、役所建物探索のため、大切ⅡC区の上手にトレンチを設定したが、顕著な遺物はなく、自然木が多く堆積していることを確認した。ただ、丘陵上の平坦地コーナーに石列が確認されたので、官衙建物の基壇の可能性が推定される。

十二月十八日に調査指導委員会を開催。

明けて一月からは、長登集落内の下ノ丁区の調査に入り（図19）、近世期の家内工房跡を検出。二月十二日から遺物整理用のプレハブ事務所を長

図19　下ノ丁ⅡＥ区の調査風景（1998年）

登に移転し、三月二日に引越し完了。

三月十八日に、東京から石崎高臣が到着し、長登銅山跡資料館嘱託職員として一年間おもに木簡の整理に携わった。

三月二十五日、一〇年間にわたった調査の最後の調査指導委員会を得て、調査の終止符を打った。

なお、遺構の実測は完了していなかったので、トレンチは空けたままにしていた。

一九九九（平成十一）年の七月二十七日には、中国の李京華が吉原道夫とともに来山し、製錬炉跡等を視察した。

十一月三十日から十二月八日にかけて遺構の実測補遺を完了し、トレンチの埋め戻しを行って、一〇年間の調査のすべてを完了した。

V　長登銅山跡の概要

1　鉱床と鉱物

長登銅山は秋吉台の東端に位置し、地下から吹き上げたマグマと石灰岩の接触部に鉱物が生成された、典型的な接触交代鉱床（スカルン鉱床）である。

秋吉台の石灰岩は、古生代石炭紀の約三億五千万年前からペルム紀約二億五千万年前にできた赤道直下の珊瑚礁であるが、これが太平洋プレートに乗ってアジア大陸東縁に衝突し、石灰岩は海溝に沈み込むプレートから剥離して、大陸からもたらされた砂や粘土のなかに入り込み、地殻変動でふたたび陸地になったとされる。

この日本最大級の石灰岩台地に、白亜紀後期の九千万年前ごろ、地下から花崗斑岩（マグマ）が貫入して、この熱作用で石灰岩の一部が方解石や大理石となり、接触部に鉱物が生成したものである。これが後に隆起して、永い年月の間に風化浸食が進み、銅鉄鉱床の露頭が形成された。

花崗斑岩の山は標高三〇八メートルで花の山と呼称され、石灰岩のなかに円錐状に貫入し、この周囲に

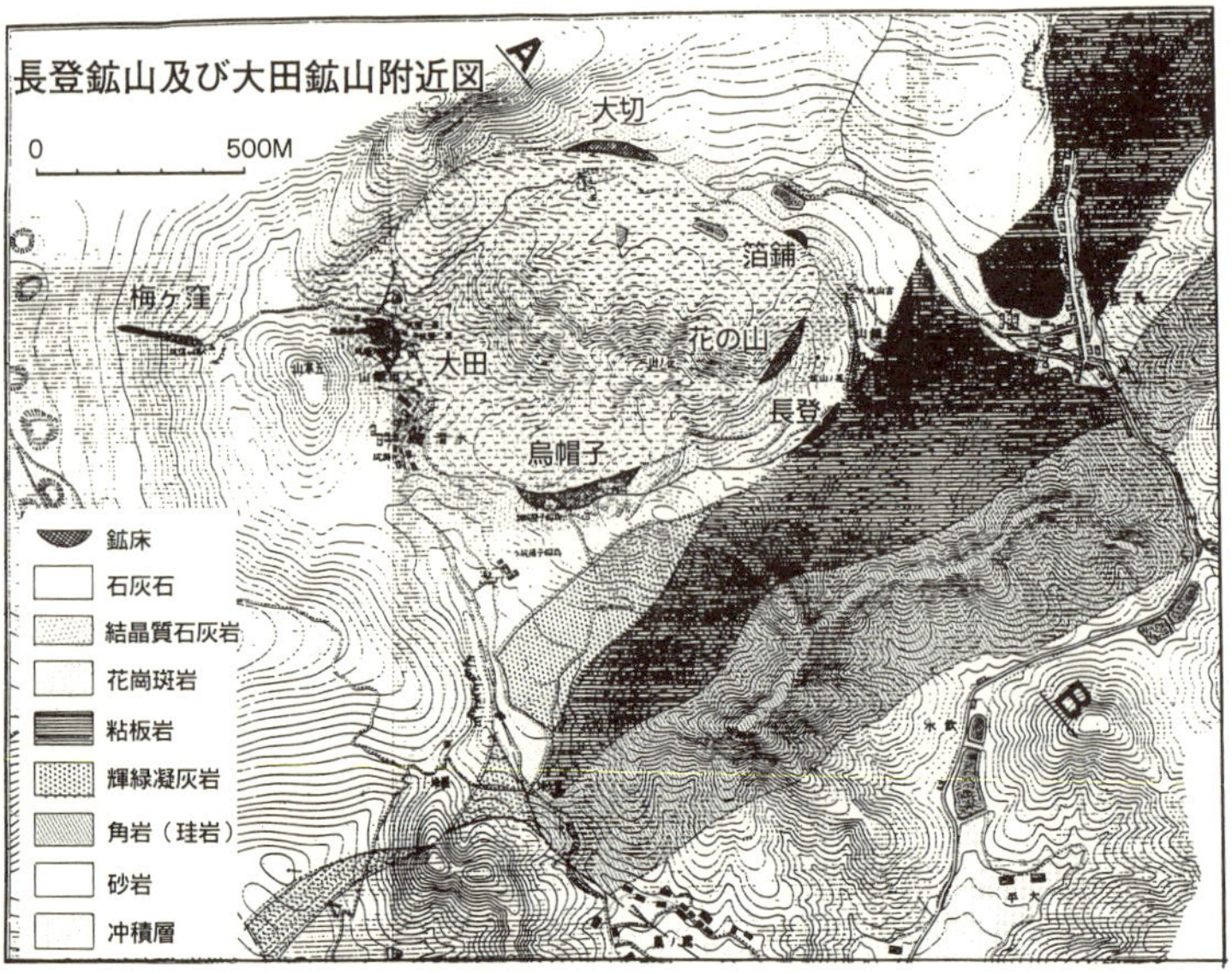

図20　長登銅山地質図と鉱床分布（小倉勉『地質調査報告書』82号より）

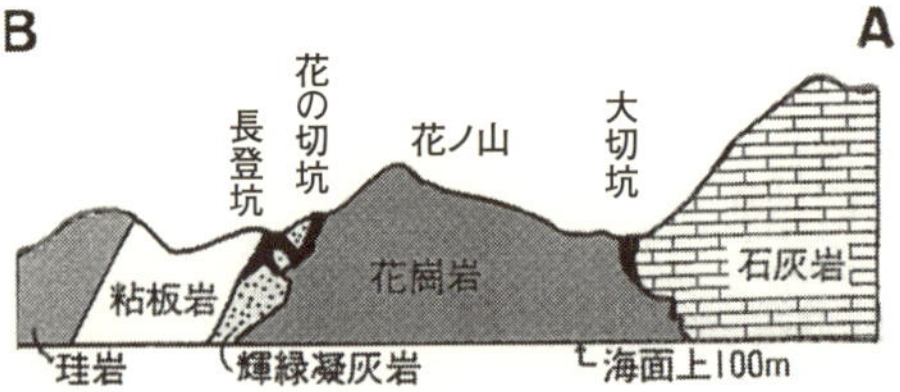

図21　鉱床断面図

五つの鉱床が所在する。大切・白敷・花の山・烏帽子・大田とよばれる鉱床であるが、さらに大田鉱床から西へ三〇〇《メートル》離れた石灰岩中に、梅ケ窪鉱床が飛び地として存在する。長登鉱床は、石灰岩と緑色岩（閃緑斑岩＝輝緑凝灰岩）の接触交代である。また、花の山から北東へ二《キロ》の付近は、石灰岩に緑色岩が貫入して、葛ケ葉山・尻なし山・北平山・浜の宮山の各鉱床が生成された（図20、図21）。

　これらの鉱床の成因は、地表近くの鉱物が永年の風化・雨水酸化作用により分解され、鉄分は地表近くに酸化鉄（褐鉄鉱）として残り、溶脱した銅溶液は地下に浸透して灰鉄輝石や灰鉄柘榴石の脈石を汚染し、石灰岩の裂け目や洞穴などに孔雀石・珪孔雀石を二次堆積したものである。さらに下降した銅分は、地下水と接触還元して硫化銅鉱に変容し、この下部は硫黄分の多い一次硫化銅鉱帯が地中深く胚胎する。

大切鉱床は、灰鉄輝石・灰鉄柘榴石を主脈石として、黄銅鉱・藍銅鉱・斑銅鉱を産出。地下水より上のレベルである榧ヶ葉山には、約三六〇万年前頃から石灰岩が侵食されて亀裂や鍾乳洞が多く生成され、柘榴石・石英・方解石とともに、自然銅・孔雀石・珪孔雀石などの酸化銅が多く存在していた。山頂部には磁鉄鉱・褐鉄鉱の焼けが見られ、銅分が酸化逸脱した所産と考えられているが、今でも含銅褐鉄鉱石を見ることができる。

白敷鉱床は、大切谷のなかほどにある小規模な鉱床である。大正期の地質図に記載があり、現在でも坑口が遺存するが、鉱物の報告は見当たらない。地形的に大切鉱床と同様とみられる。

花の山鉱床は、灰鉄輝石・灰鉄柘榴石・方解石の脈石から、黄銅鉱・斑銅鉱・黝銅鉱・珪孔雀石・褐鉄鉱などが産出された。

長登鉱床は、花崗岩地帯を一〇〇メートルばかり外れ、石灰岩と粘板岩が接触する。上部帯の粘土中に黄銅鉱の団塊があり、下部帯の灰鉄輝石・灰鉄柘榴石の脈石から黄銅鉱・斑銅鉱・黄鉄鉱・方鉛鉱・輝コバルト鉱を産出。

烏帽子鉱床は、長登銅山最大の鉱床で、一〇×三六メートルの露頭が深さ九〇メートルもつづき、地表部は褐鉄鉱のいわゆる「焼け」が遺存している。地下に三カ所の富鉱帯があり、灰鉄輝石・灰鉄柘榴石・石英・方解石の脈石中から黄銅鉱・孔雀石・輝コバルト鉱・灰重石・磁鉄鉱・硫砒鉄鉱・黝銅鉱・珪灰鉄鉱などが産出。自然銅も小塊となってイモ

【採掘跡】 **1：榧ケ葉山、2：滝ノ下・大切山、** 3：箔鋪坑、**4：花の山、** 5：長登坑、6：烏帽子岩山、7：大田鉱山、8：山神坑、9：亀山坑、10：二つまぶ、11：つづケ森、12：尻なし山、13：葛ケ葉山、14：北平山、15：浜の宮山、16：千人窪
【製錬跡】 **A：大切製錬遺跡**、B：花の山製錬所跡、C：伊森製錬跡、**D：山神製錬遺跡**、E：吹屋製錬跡、F：東吹屋製錬跡、G：大田鉱山製錬所跡、H：北平製錬跡、I：古山製錬跡、J：花の山麓製錬跡、K：本誓寺製錬跡、L：烏帽子製錬跡、M：常福寺製錬跡

図22　長登銅山遺跡分布図

ズル式（サツマイモを蔓とともに吊り下げた状態）に随所から産出したという。

　大田鉱床は、灰鉄柘榴石・灰鉄輝石の脈石に、珪孔雀石・斑銅鉱が多く、孔雀石・赤銅鉱・藍銅鉱・黝銅鉱・黄銅鉱・自然銅も産出。

　梅ケ窪鉱床は、珪灰石・柘榴石・透輝石の脈石に黄銅鉱・斑銅鉱・磁鉄鉱を産出。

　葛ケ葉山鉱床・尻なし山鉱床は、花の山の北東二キロにあって、石灰岩と緑色岩（閃緑斑岩）の接触地帯である。灰鉄輝石・柘榴石・珪灰鉄鉱の脈石に、含銀方鉛鉱・黄銅鉱・孔雀石・珪孔雀石・閃亜鉛鉱・菱亜鉛鉱・黄鉄鉱・硫砒鉄鉱・含銅褐鉄鉱を産出。

　北平鉱床は、五〇メートル×一〇〇メートルの広さで深い管状の鉱床である。葛ケ葉山の緑色岩（閃緑斑岩）から放散された過熱溶液が石灰岩と交代作用を起こしたとされる。露頭部は褐鉄鉱で、地下一八メートルから灰鉄柘榴石・灰鉄輝石・珪灰鉄鉱の脈石となり、黄銅鉱・黄鉄鉱・硫砒鉄鉱・磁硫鉄鉱を産出。深さは一〇〇メートルに及ぶ。

　浜の宮鉱床は、北平山の銅溶液が浜の宮山の竪穴等に流れ込み、石灰岩の不純物粘質土（テラロッサ）に銅分が沈着した銅泥が生成された、世界でもめずらしい鉱床とされる。銅泥・孔雀石・珪孔雀石・褐鉄鉱・異極鉱（亜鉛）を産出。

2　採鉱跡の分布

　長登鉱山跡全体では、一六カ所の採鉱跡群がある（図22）。これらの採掘坑の大部分は、形態的にも江戸期以降の開発にかかるものが多く、近代にいたっては採鉱石も銅以外にわたるので、厳密にいえば「長登鉱山」と呼称するのが正しい。したがって、確定された古代以外の採掘跡は、長登鉱山〇〇山として区別している。

しかし、どこの鉱山跡でも同様であるが、採掘跡は、時代を隔てて再稼業される場合が多く、採掘坑も重複しているので時代を特定するのはきわめて困難である。さいわい、長登鉱山は鉱床が小規模に点在したためか、近代の大規模開発の痕跡もなく、採掘跡も転々と移動しており、古文書の記載などから各採掘坑の時代がおよそ想定できる。

確実に古代にさかのぼる採掘坑は第Ⅵ章で詳述することとし、ここでは、それ以外の各採鉱跡を概述する。なお、採鉱跡の詳細な調査は、榧ヶ葉山・大切地区以外は未着手であり、今後古代にさかのぼる可能性もあることを留意しておかねばならない。

（一）江戸期以降の滝ノ下・大切山

大切谷の最奥部に駐車場があるが、この西側山手に埋没した斜坑跡がある。江戸初期の毛利藩直山として採掘が開始され、山年寄の黒磯淡路守就正が開掘した坑道であった。一六四一（寛永十八）年以降は請山として、京都町人松山利兵衛・河口五郎兵衛・三木新右衛門などが稼行した。一六九八（元禄十一）年からは、大阪泉屋吉左衛門手代平助が二～三年稼行している。

滝ノ下・大切山の中腹に開口する大切九号坑は、幅五〇《チセン》高さ九〇《チセン》奥行四・五《メートル》ばかりの小さなアーチ状の坑道で、手掘りのノミの跡がいちじるしく残り、一部緑青の付着があるが、規模からして近世期の試掘坑と推定される（図23）。

一九〇七（明治四十）年には、山陰の鉱山王とよばれた堀藤十郎礼造が、大切斜坑脇に大切竪坑を開掘し、一九一八（大正七）年までに深さ九〇

図23　大切９号坑口

メートルまで掘削して閉山した。翌年五月には集中豪雨で埋没。現在駐車場の横には、径一二メートル深さ六メートル程度の埋没した竪坑跡を見ることができる。

その他、大切谷の遊歩道三叉路傍の千人間歩とよばれる竪坑跡、下の溜池の東岸横に所在する箔鋪坑などがあるが、時期は未定である。

（二）花の山

花の山の東尾根中腹に平坦地があって、V字形に窪んだ露天掘跡がある。花の山製錬所跡（花の山公園）の裏山にあたり、煙道の頂上部より少し上である。ズリは北側斜面に堆積している。これは、江戸末期の『防長風土注進案』に記載のある「千人まぶ」跡と推定でき、同書によると「往古大盛のせつ山子千人も相排たる山……此まぶ崩れ落山子の者多人数埋れて即死せり……」とあり、花崗斑岩の風化した真砂山にあることからうなずける記述である。千人まぶから東の斜面は採掘跡らしき窪みで凹凸がいちじるしく、一《メートル》方形の試掘坑もしくは通気坑が数多く点在するが、時期は不明である。

花の山製錬所跡には、堀藤十郎が一八九二（明治二十五）年に開設した花の山坑口が復原されており、北側には古山坑跡がある。

(三) 長登坑

伊森谷の谷底に五カ所の坑口が点在する。江戸期以前の記録はなく、大正期以後に開発された採掘坑であろう。輝コバルト鉱の産出がめずらしい。

(四) 烏帽子岩山

大露天掘跡と三号坑が江戸期開発と推定され、付近には製錬からみが散在しており、時期は一六六四（寛文四）年ごろの記述に符合する。明治になると一九〇三（明治三十六）年に、堀鉱山が露天掘跡に竪坑を開設して、本格的に操業を開始し、一九〇八年には日本で初めてコバルト鉱を産出したことで著名である。堀鉱山は一九一九（大正八）年に閉山し、その後、高良宗七・桝谷産業・住友鉱業などが所有したが、一九四五（昭和二十）年からは野上鉱業が水溜鉱山と称して一九六〇年まで稼行した。長登鉱山では最も遅くまで稼業された鉱山であり、閉山の要因は、先山が地下水流に突きあたり、排水ポンプ三台でも効果なく水没した。

一九七三年、旧美東町が鉱業権を取得し、町簡易水道の水源地としてミネラル豊富な地下水を供給している。烏帽子山の露天掘跡は、古代採掘の可能性もあるといえ、今でも褐鉄鉱の露頭を見ることができる（図24）。

図24　1981（昭和56）年頃の烏帽子露天掘跡

（五）大田鉱山

江戸初期に大田村から長登銅山村が分離独立したが、この鉱山は大田村に帰属する。採掘跡はすべて竪坑であったので、一九一二（明治四十五）年の水害や一九一九（大正八）年の洪水で埋め尽くされたものと推定され、現況は茨や笹竹・茅の密林となって踏査が困難であり、詳細な調査は行っていない。江戸期の『防長風土注進案』に水溜山神社勧請の沿革として「長登村大切銅山繁昌之砌、大坂の銀某主信仰によって勧請す」とあるので、江戸期は大切山の支山であったと見られ、榧ヶ葉山の南斜面には採掘坑跡が二～三散見される。

一八九二（明治二十五）年に大嶺村の田辺誠民が梅ケ窪を採掘。一九〇二（明治三十五）年に大田鉱山を再発見し、生田国蔵が一九一二年まで稼行。大正時代は塚原常次郎・日本金属株式会社が所有するもほとんど休止状態で、戦後野上鉱業が一九五六年まで稼業した。ここも古代採掘の可能性があり、奈良登伝説にちなんで、明治末期の東大寺大仏殿大改修に、「大田鉱山」とヘラ描きされた屋根瓦を寄進している（現在、長登銅山文化交流館に展示）。

（六）山神坑

山神社の裏山にあたり、遊歩道横に開口する二つの立坑跡がある。採掘坑ではなくして、花の山と同様に通気坑と見られる。一辺八〇センチの方形立坑で深さ五メートル以上となり、下底部の坑道有無は調査不能である。

（七）亀山坑

亀山の東麓から南麓にかけて坑口が五カ所あり、東麓の民家の裏手にあった坑口二カ所は、急崖崩落防止工事で密封された。地元では鉛山であったと言い伝えるが、残存するズリの分析では鉛の検出がない。現存する坑口は南麓の斜坑三カ所で、粘土質の地山に掘削されており、一カ所は坑口が見学できるように遊歩道・説明版が設置してある。

（八）二つまぶ

大切谷中程から北の台山集落に通じる細い谷に当たるが、この地は採掘跡の痕跡が未だ定かでない。地名から採掘の推定ができるが、西側の斜面も含めて広大な地域に及ぶので、今後の詳細な踏査が必要とされる。

（九）尻なし山

尻なし山とは、『防長風土注進案』の記載どおり、鉱石（鏈＝くさり）が尽きて休み山となったので、この呼称ができたのだろう。実際に探索してみるに、地質学的見地からもそれほどの大鉱脈があったとは考えられない。尻なし山は、長登集落から北方一・二キロの絵堂へ越す下ノ垰《しものたお》右手一帯を指す。権現山北斜面に、一辺一メートル四方の坑口が数十カ所点在し、そのうち十数カ所は深い立坑となっていて危険である。谷を東南にさかのぼること一七〇メートルで石垣造りの高台があり、焼鉱石や焼竃と推定できる遺構が残る。

（一〇）葛ケ葉山《つづらがはやま》

北平竪坑跡の東二〇〇メートルの付近で、一帯は地表の凹凸がいちじるしく、立坑による採掘跡と推考できる。一部には小さな穴が地下につづき、わずかに名残を留めている。石灰岩と閃緑斑岩の接触交代鉱床で、明治期には含銀方鉛鉱、黄銅鉱、閃亜鉛鉱、黄鉄鉱などを産出した。『防長風土注進案』には「略……銀山にて往古大盛の節御手山ニなりたる事も有之山……略」とあるので、中世末から江戸初期に稼働したと推察できる。

（一一）北平山（白山）

北平鉱床は、石灰岩のなかに一〇〇×五〇メートルの楕円形をなした深い管状の鉱床があって、葛ケ葉山の閃緑斑岩から放射された過熱溶液が、この場所で石灰岩と交代作用を起こした接触交代鉱床と考えられている。露頭は褐鉄鉱が遺存し、地下深く灰鉄輝石・珪灰鉄鉱・柘榴石があり、黄銅鉱や硫砒鉄鉱石を産出した。『防長風土注進案』には、「略……右此山は白目《しろめ》山にて往古より幾度も大盛あり……」とあり、白目をおもに産出した。白目は古代では鑞と書き、砒素・鉛・錫・アンチモンなどの化合物と解釈されているが、おもに砒素系の鉱物であった可能性が強い。古代長登銅山の産出鉱物に砒素が特有とされているが、近年の地質学的調査では、古代遺跡の中心である大切地区に砒素は確認できないようである。古代においても北平山が開発されていて、砒素を供給していたと推定するのが妥当であろうか。

古文書によると、一六九八（元禄十一）年頃に大坂泉屋市郎兵衛手代平助が請け負い、一七三九（元文四）年から京都銭座有来新兵衛・清助手代の元山安右衛門・荒井喜兵衛が鋳銭地金に用い、一七四三（寛保三）年には京都八田徳右衛門が後を引き継ぎ、一七五〇（寛延三）年頃まで稼働した。

また、一七五五（宝暦五）年には、長登村山年寄の福原七兵衛・浅井源兵衛、庄屋の野上平左衛門が、浜の宮山とともに白目を採掘し、一七六三（宝暦十三）年には豊前小倉の新屋九郎兵衛が、一七六八（明和五）年に大田村百姓白井久左衛門が白目を採掘した記録がある。

一九〇三（明治三十六）年には、堀藤十郎礼造が幅四尺の竪坑を開掘し、一九一〇年には深さ百六〇尺に達した。一九一三（大正二）年に、竪坑の幅を一〇尺に拡大して、一九一八年に深さ二〇〇尺まで達したが、堀鉱山は閉山した。

その後、昭和初期に大田町の高木義一が砒素を生産し、大阪枡谷産業が一時稼行。一九三五（昭和十）年から松坂産業が経営を始め、鉄鉱石は八幡製鉄へ出荷した。戦後は、喜多平鉱山と呼称し、竪坑の深さは一〇〇《メートル》に達し、山裾の絵堂側から水平坑の恵銅坑が掘削され、鉄鉱石を増産して一九五四（昭和二十九）年に閉山した。

戦後、公選制の初代山口県知事となった田中龍夫氏（元文部大臣）が、晩年に「当時は、私が県下のトラックを全部集めて、喜多平鉱山の鉄鉱石運搬に廻したんだ」と、戦後の復興に尽力したこ

図25 1981（昭和56）年頃の北平鉱山跡

とを回想されていたのを思いだす。

北平地域は、これからの探査に期待される地域といえるが、露頭掘りの深い竪坑は、昭和五十年代の残土処理で埋め尽くされてしまった。

また、恵銅坑の坑口は埋没しているが、付近にズリの堆積が多く残る。二〇〇九（平成二十一）年、小郡萩道路の鞍掛山トンネル掘削は、恵銅坑の上部を貫通したが、この掘削工事中に幅数センチの貫入脈石にあたり、わずかな磁硫鉄鉱石が採取された。

（一二）浜の宮山

浜の宮山は、北平山の西約三〇〇メートルに所在し、北平山の銅溶液が流入して、浜の宮山の竪穴などに堆積した。

大正時代の記録によれば、石灰岩の浸食土に銅分が四％も含まれて、銅泥とよばれた赤土が採取

図26　浜の宮山の露天掘跡

された。そのほか、珪孔雀石もあるが異極鉱や丹石の産出も特徴的である。

現在の山頂部は、乱雑な掘削跡があり露天掘跡の様相を示す（図26）。また、山頂部の北側斜面に大正時代の水平坑がよく残っており、立穴下部の銅鉱石を採掘したと考えられる。東隣には江戸期と推定される斜坑跡があり、『防長風土注進案』赤村の項にある「赤山の辻」採掘跡に該当する。

山の様相から見て、古代に開発された可能性は大きいので、今後の探索に期待される。

(一三) 千人窪山

江戸時代の記録に現れる地名である。地形的には石灰岩地帯のドリーネであり、あまり期待できないが、大庭家伝来の「切り図ノ写也」には古マブ二カ所とある。未だ未調査なので今後に託したい。昭和初期に、国会議事堂建設の大理石「小桜」を産出した大理石採掘場跡が近くにある。

3　点在する製錬跡

一九一九（大正八）年、大分県佐賀関や岡山県直島の精錬所が開設されるまでは、全国各地の鉱山で製錬が行われて粗銅が生産されており、このような形態を山元製錬という。

広義の長登鉱山跡には、一三カ所の製錬跡があり、古代から一九一八（大正七）年までのものである。

（一）大切製錬遺跡

長登銅山跡の中心部に位置する遺跡で、一九七二（昭和四十七）年に発見された。内容は本書第Ⅵ章に詳述するが、遺跡の範囲は六万平方メートルと想定される。

（二）山神製錬遺跡

一九八二（昭和五十七）年三月に、羽口片が出土して発見された遺跡で、一九八五（昭和六十）年三月に発掘調査が行われた。火床炉形式の鉛製錬炉跡（湯口付き）一基と製錬からみの堆積場が検出され、炉跡は後述する山神Ｆ区の炉である。出土遺物は土師器、須恵器、緑釉陶器、白磁、瓦器の外、羽口、炉壁などがある。十世紀後半、および十六世紀の製錬時期が推考される。

（三）伊森製錬跡

伊森谷の、長登坑と山神社の中間地点に位置する舌状丘陵南斜面に、流状からみが堆積しており、面積はおよそ五〇平方メートルの小規模な範囲である。時期は不明ながら古い様相がある。

図27　常福寺製錬遺跡の炉跡

（四）古山製錬遺跡

発掘調査により、古山ＩＣ区に径一《メートル》の焼土面を残す炉跡が確認され、共伴遺物から十五世紀初頭の遺構と確認。詳細は第Ⅵ章5項三参照。

（五）花の山麓製錬跡

花の山ＩＥ区に確認されたからみ堆積場で、花の山公園に登る遊歩道の左手にある。からみは四〇平方《メートル》程度の小規模な散布で、板状からみが多いことから中世期以降と推定される。

（六）常福寺製錬遺跡

常福寺境内一帯がからみの堆積地であり、本堂の床下などに流状滓・板状滓があり、緑青を吹いているものも散見される。二〇〇四（平成十六）年に、本堂裏手の東斜面に径一《メートル》の炉跡を発掘した（図27）（第Ⅵ章5項四）。この一帯は、常福寺創建以前の遺跡で、中世期にさかのぼるとみられ、荒廃地に寺院が建立されたと考えられる。調査区は東吹屋Ｃ区に当たる。

（七）東吹屋製錬跡

長登市街の東丘陵勘場山西麓一帯で、調査区の東吹屋Ｄ区から下ノ丁ＩＥ区の境付近を中心とする遺跡である。世良満男宅の裏手地下一メートルには、径六〇センチ大の大型からみ塊が多く埋没しており、江戸初期の製錬場と推定される。

（八）吹屋製錬跡

山神社参道入口から窪井宅にかけて小からみ片が多く堆積分布しており、窪井宅南の丘陵麓に炉跡を確認している。調査区は下ノ丁ⅡＦ区から下ノ丁ＩＦ区に当たる。また、市道・糸谷川を挟んで東の横山宅東南に板状滓の大堆積場があり、勘場山斜面に炉跡を確認している。江戸期の大規模な吹屋跡といえる。

なお、ここのからみは、戦前から道路改良の上敷用に利用するために多く搬出され、付近のぬかるみ道路に散布されている。したがって、遺跡探索でからみを採集しても、道路面か否かを判別する必要がある。

（九）烏帽子製錬跡

花の山の西斜面に、流状からみが約三〇〇平方メートルに渡って散布しており、江戸期の製錬跡と推考できる。古文書によると、一六六四（寛文四）年頃の採掘にかかるものであろう。坑口跡と判定できる窪地もある。

（一〇）北平製錬跡

北平鉱山跡と葛ケ葉山の中間地点のほぼ平坦地

に、三〇〇平方メートルあまりのからみ集積地があり、炉壁片も混じっている。北平山（白山）の銅・鉛・白目を製錬した遺跡である。

古文書から、一六九八（元禄十一）年の大坂泉屋、一七三九（元文四）年から京都銭座有来、一七四三（寛保三）年京都八田などの稼業によるものと推定できる（本章2項一一参照）。

（一一）本誓寺跡製錬跡

一九九二（平成四）年の発掘で、本誓寺跡境内から径三〇センチの火床炉跡一基が検出された。山神E区。第Ⅵ章5項四参照。

（一二）花の山製錬所跡

山陰の鉱山王といわれた津和野の堀藤十郎礼造が、一九〇三（明治三十六）年に建設を開始して、一九〇五年九月に開業。長登銅山の烏帽子坑・大切斜坑・花の山坑の鉱石を集め製錬を行う。設備は、生吹鎔鉱炉（花崗岩製）一基、鎔鉱炉前床（煉瓦製）一基、焼鈹窯二基、真吹鎔鉱炉および真吹前床三基、ルーツ式三番型鼓風機一基で、原動力は、六・五馬力の石油発動機二台を据えていたが、一九一一（明治四十四）年には二五馬力の吸入ガス発動機を導入した。建物の規模は不明ながら、一九一三（大正二）年に再吹・真吹用の建物三間×四間を新築とある。生産高は、一九〇八年に製銅一二八トン、一九一七（大正六）年に六六トンとあり、鉱夫数は一六〇人から二〇〇人規模であった。一九一九（大正八）年五月銅価の暴落により休山となり、同年七月の集中豪雨で、長登銅山各地の竪坑が壊滅状態となり閉山する。

現在、廃絶した鎔鉱炉跡や煉瓦製の送風機・発動機台座、からみ煉瓦製の煙道が残り、花の山坑口の四つ留が復元してある（図28）。また、一九

図28　花の山製錬所跡

三四（昭和九）年に大阪・桝谷寅吉が建立した供養塔「千人仏碑」があり、膨大なからみの堆積が威容を誇り公園化されている。からみの形状は、径三八センチ深さ三六センチの鉄兜型を呈す。

この花の山公園には、操業当時の様子を描いた、故・大庭康太氏の風俗画が説明版（陶板製）として設置されており、大正時代の様子を知ることができる。

（一三）大田鉱山製錬所跡

一九〇二（明治三十五）年五月、梅ケ窪坑の製錬所建設にかかわり、大盛鉱脈を発見したと伝え、一九〇三年から本格的な操業に入り、一九一二（明治四十五）年まで操業を行った。

現地は、茨や茅が密集した荒れ地となって踏査が不能であり、詳細な調査は行われていない。榧ケ葉山南麓裾の、池の上手に山神社跡が残り、祠

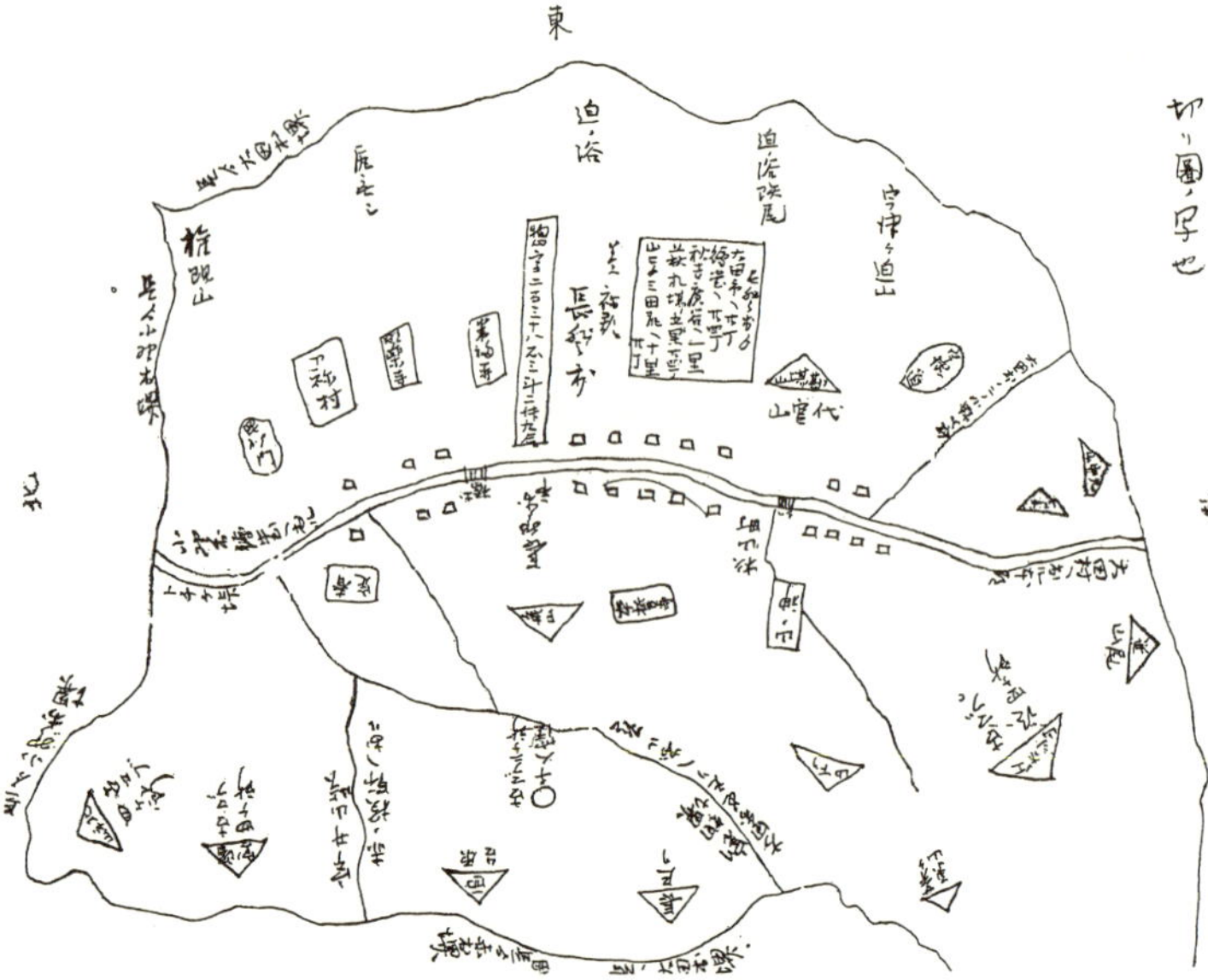

図29　近世長登村切り図

の前に大田鉱山のからみ塊が据えてある。からみの形状は、花の山製錬所のものより若干径が大きく、底も尖頭型を呈している。

4　鉱山町の名残

現在の長登集落は戸数三八軒、そのうち字上ノ丁・中ノ丁・下ノ丁の中心街にある戸数は三〇軒で、鉱山町の名残を留めている。と同時に江戸時代以来、赤間ケ関街道から大田市に通じる舟木街道沿いの町並みともいえる。字名にある「丁＝ちょう」は、一八八九（明治二十二）年に作成された土地分間図に記載された漢字であり、「町」の当て字である。江戸期には上ミ町・下モ町で屋敷数三三軒であった（図29）。

中ノ丁の中心部には、江戸期の山代官黒磯淡路守就正の屋敷跡があり、東の山手には曹洞宗常福寺（旧長福寺）、北の上ノ丁には浄土真宗西本願寺派明楽寺、下ノ丁の西外れ大切谷入口には浄土宗本誓寺跡、南外れに寺山という地名が残り尼寺があったと言い伝えられ、江戸期には都合四カ所の寺院があったことになる。とくに、本誓寺跡には無縁仏の墓石が数多く残り、古いもので元禄年間の紀年銘を残し、日隈や野上など大田村長登村庄屋系譜の者、在郷武士などが散見される。本誓寺跡前は、江戸期に杉山町とよばれ、伝承では女郎町があったといわれ、実際にかんざしなどが採集されている。

図30　山神社の洪鐘

この杉山町裏山に山神社が鎮座し、祭神は大山祇命を祭る。小さな社殿に市指定文化財の洪鐘（図30）があり、銘文によると「長門州美祢郡長登郷有山号大切此山出銅年尚矣雖異邦首山以無加之雖然、此年泉湧出不能取銅民苦之寛文辛亥之夏泉乾無労取銅是故新鋳洪鐘献山神以神力不留涓滴民之所素願也郡之長告于執政人執政告予請為銘乃銘曰……寛文十二歳舎壬子八月吉日長州住冶工郡司喜兵衛尉藤原信安　前

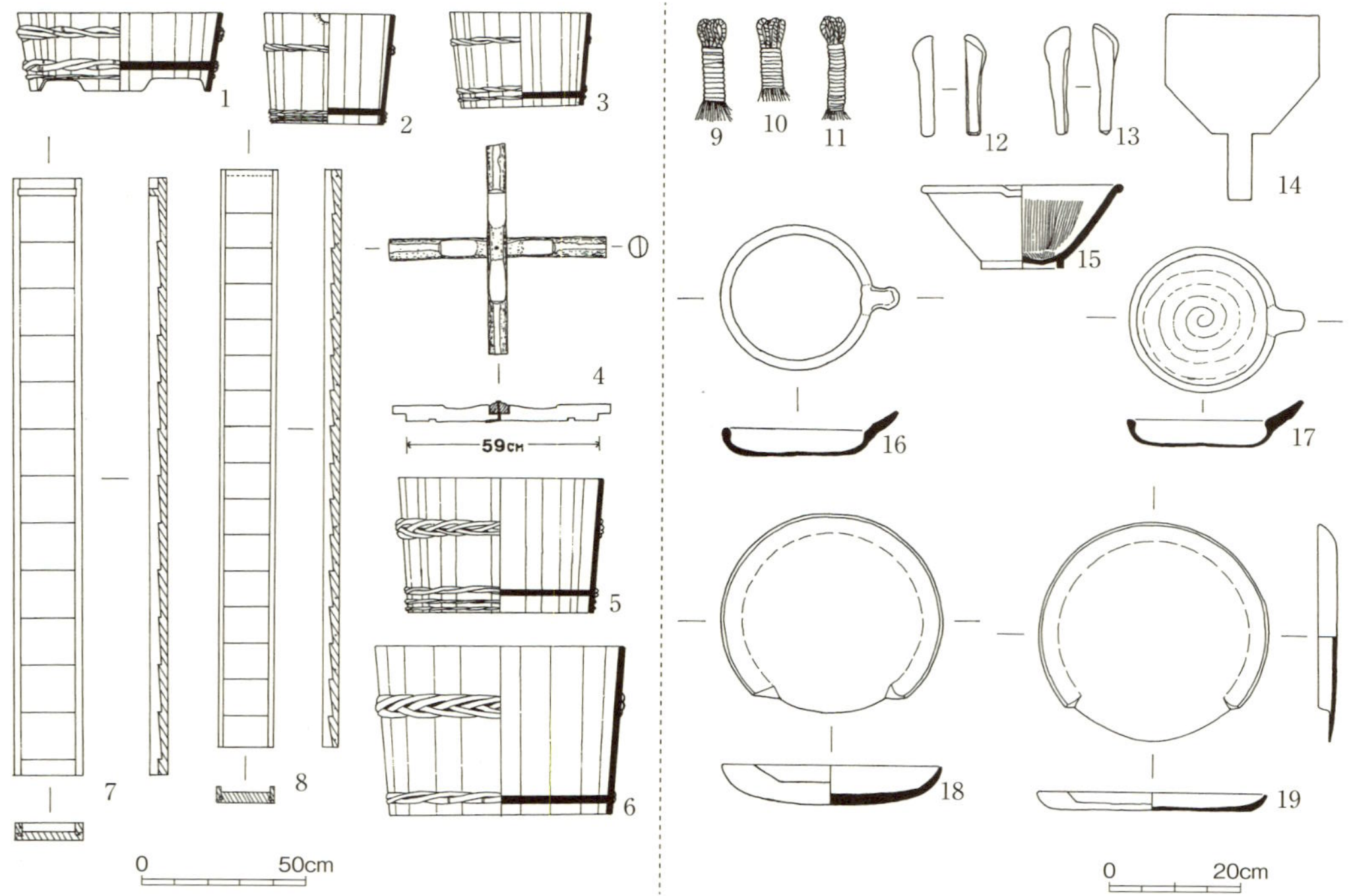

図31　滝ノ下録青製造器具

建仁義天玄瑞書」とあって、大切坑の銅鉱石で鋳造されたもので、長州藩お抱えの郡司信安の作品である。信安は出雲大社の銅造鳥居も鋳造した名工である。

　この山神社には、江戸時代から伝承された「昆布するめの祭り」があり、現在でも正月十一日の祭りとして執行されている。これは、毛利の殿様から頂戴したコンブ・スルメを酒の肴にして飲み明かすという、江戸初期直山時代以来のいわば山開きの行事と見ることができる。また、『防長風土注進案』には、上ミ町の子供たちが亀山に登り、下モ町の子は寺山に登って、おたがいに悪口悪業の数々をいいたい放題叫ぶ、という正月のユニークな民俗行事を紹介している。今では伝承されていないが、上ミ町と下モ町の稼業が違っていたことを物語るのであろう。

　下モ町は、江戸後期の休山中の稼業として、顔料（岩絵具）の「緑青」を製造していた。『防長風土注進案』には七軒とあるが、一八四〇（天保十一）年の堀家文書には、長州長登村の緑青商いとして難波幸四郎、大庭建蔵、清水元次郎、白井孫兵衛、大庭高次郎、大庭常次郎、岡村善左衛門、綿屋勘吉の名が見える。白井家宅地跡の発掘調査でも、江戸期の坩堝が多く検出されており、顔料生産や金大工仕事で鉱山町の余命を保っていたと考えられる。

　緑青製造は、古代以来の伝統を引き継ぎ、江戸期には「瀧《たき》ノ《の》下《した》緑青《ろくしょう》」（図31）として全国的に名声を馳せて、大坂・京・尾張・江戸に行商され、帰りは反物をもち帰って、こちらでは呉服商を営んだ商人もあった。江戸城二の丸の修復にも「瀧ノ下緑青」が使用されて、年間五千両を稼いだと記録されるが、当時、緑青（緑青）一斤で約一両、群青（紺青）一斤約二拾両という高価なものであった。

二〇〇五（平成十七）年の京都西本願寺大修理の折、古文書が発見され、西本願寺末寺の長登明楽寺から大量の「緑青」が寄進されていたことが判明した。群青は、親鸞聖人御影堂の巨大な二本の柱に塗布されたものと考えられている。

江戸末期には、長登銅山での原石採取が底をついたのか、『防長風土注進案』には「……録青石は石州銀山阿武郡蔵目喜あるいは渡り石等買入是を製す……」とある。また、九州大学蔵の明治五年報告『諸国産出石類略説』には「……其他志那ヨリ長崎表へ舶来ス岩紺緑青荒石盡ク当地ニ買入レ細製ス……」とあって支那からの輸入石もあったが、多くは島根県津和野の笹ケ谷銅山から原石を調達していた（『堀家文書』による）。

明治期に、時の農商務省の品川弥二郎が、画家森寛斎に宛てた書簡のなかで、「瀧ノ下録青」の振興を約しているが、原料不足は克服できなかったようである。ちなみに、緑青原石を小割にする搗き臼は、古代とまったく同様の要石で、家の軒下に点在しており、家内工業の様相を留めている。

緑青の製造は一九五〇（昭和二十五）年まで細々と継続され、その製造法は秘伝として書き物は残らない。さいわいにも、現在国内唯一の製造器具が保存され、製品サンプルとともに県指定文化財となっている。

VI　調査の成果——遺構と遺物——

1　古代の採鉱跡

長登銅山における古代の採鉱跡は、榧ヶ葉山山頂から東斜面の滝ノ下・大切山に確認されている。製錬跡から出土する鉱石片を参考にすると、花の山や北平山も古代採掘の可能性があるといえるが、この地域は詳細な調査を行っておらず、現段階では可能性の指摘に留めざるをえない。

榧ヶ葉山は、秋吉台の東端にあり、長登銅山跡の西端に位置する最高峰（標高三四一・五メートル）の石灰岩の山である。山頂部尾根に径約一メートル深さ七〜一〇メートル規模の立穴が数カ所、山頂部斜面に径約一〇メートル深さ七メートル前後の露天掘跡三カ所がある。このうち一号露天掘跡の坑底には、さらに鉱脈を追った鏈押坑道がほぼ水平に奥行き約三八メートルまで掘削されており、この坑内から八世紀前半の須恵器が採集されて、確実に古代の横坑跡が確認された日本最古の坑道である。この一号露天掘跡の崖面には、赤褐色を呈した褐鉄鉱のヤケが見られ、随所に緑青が散見できる（図32）。

榧ヶ葉山から大切谷に下る急斜面一帯は、石灰

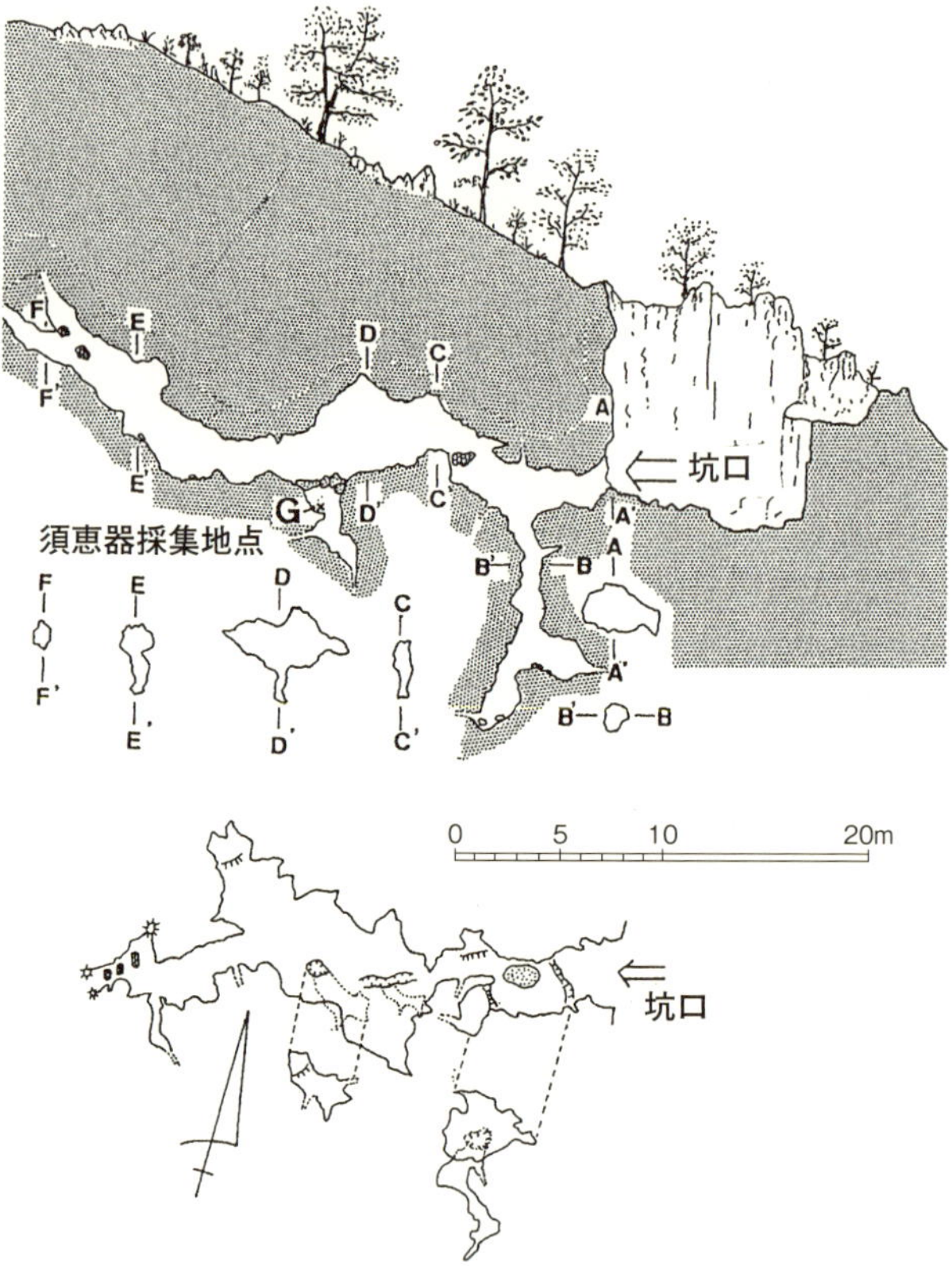

図32　榧ケ葉山露天掘１号坑測量図

岩の岩肌が切り立っていることから「瀧」と呼称され、この斜面に一メートル内外の小規模な坑口が約三〇カ所点在する。坑内は、いずれも径一～二メートルの狸掘様の複雑な形態を呈し、石灰岩中に形成された鍾乳洞窟も包含するが、坑内にはズリを充満した個所もあり、複雑・危険を極める。各坑口の坑内はいずれも繋がっていて、下手の坑内で焚き火をすると、山全体から煙が立ち昇るといい、いわば山全体が蟻の巣状の様相を呈している。

この滝ノ下付近の石灰岩には緑青の付着がいちじるしく、銅鉱のありかが容易に探索できた

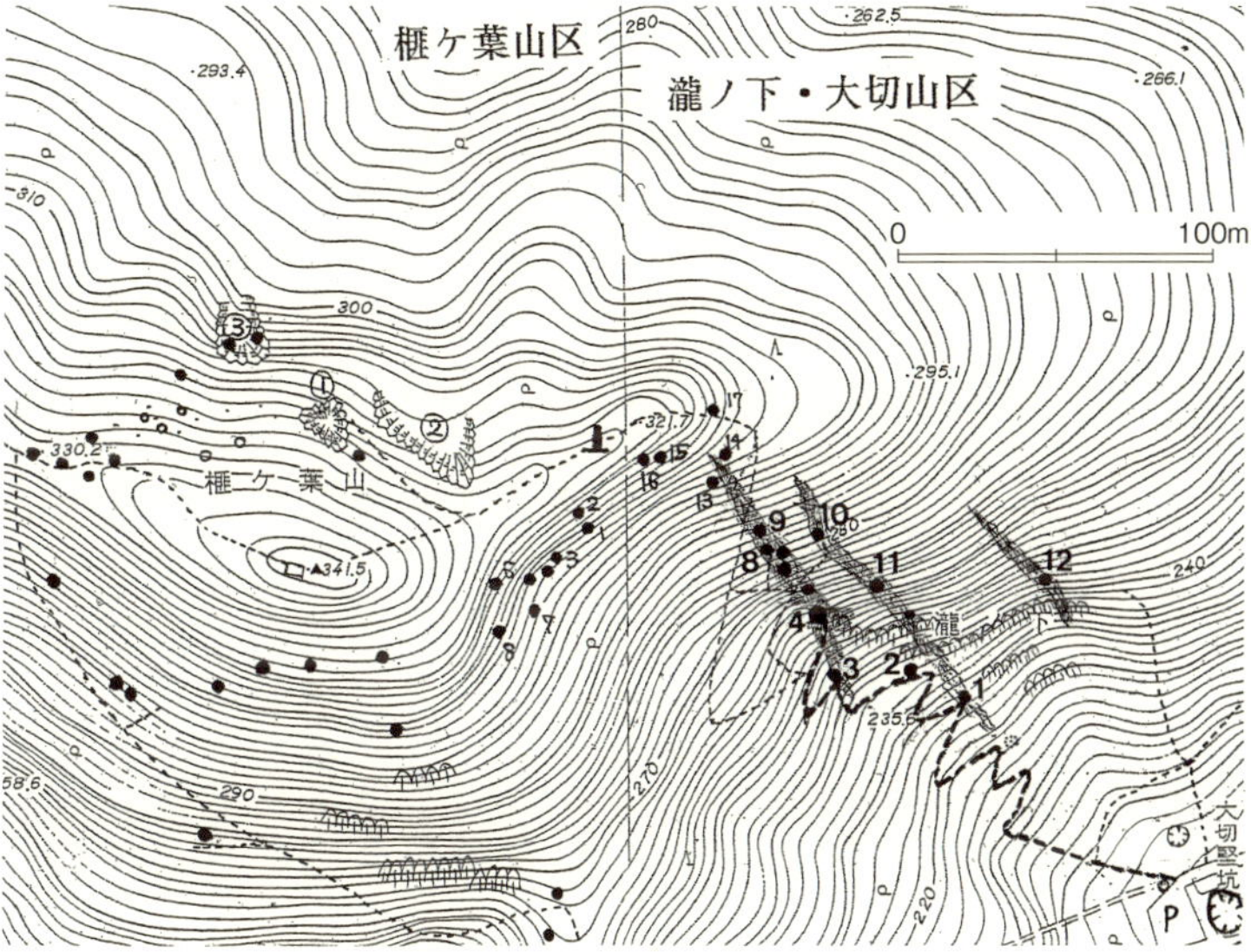

図33　採鉱跡の坑口分布と鉱床

と思われる。滝ノ下の斜面には図33のように三本の鉱脈が推定されるが、最下部の大切十一号坑口には、石灰岩を径五〇センチ位の岩軸として掘り残したいわゆる「つるし掘り」の形態が確認でき、深く掘り下がった平安時代のものと推定できる。頂上の露天掘りから採掘が開始されて、徐々に麓近くに至ったと解釈される。

なお、二〇一一（平成二十三）年の採鉱跡分布調査で、榧ケ葉山の南斜面に約一〇カ所の採鉱跡が確認され、榧ケ葉山の山頂から中腹まで、都合四十数カ所の採鉱跡が確認されたことになる。

2　古代の採鉱技術

以上見てきたように、採鉱の実態は、山頂露頭部のヤケの採掘から着手されて、暫時露天掘や立穴掘りに進展し、さらに坑底から鏈押坑道が掘削

図34　大切11号坑口の岩軸

されて山裾に堀下がり、年月を重ねて出口としての複数の坑口が一本の坑道に繋がったものと推考できる。

坑道は、近世期以降のように運搬の便を考慮して長方形に掘削するいわゆる加背方式ではなく、鍾乳洞の空間を利用しながら、鉱脈のみを追い求めた乱雑な狸掘りの形態であり、計画的な採掘法の様相は看取されない。坑内は不規則にして縦横無尽に掘削され、人一人が通過できれば事足りたと推測され、不必要な掘削労力を省くのが古代の採掘方法といえる。また、つるべ井戸方式の「つるし掘り技法」は、弘法大師が伝えたと伝承され、長登銅山竪穴（十一号坑、図34）や中世期の伊勢国丹生水銀鉱山で確認でき、平安期の新たな採掘法といえる。

採掘技術には、一般的に掘削・運搬の基本技術はもとより、通気・照明・排水・落盤防止の付加技術が必要不可欠である。しかし、古代の鉱山は地下水位以上の酸化帯であるので湧水の障害もなく、また、石灰岩層であるので落盤の危険性も少ない。しかも、永年の石灰岩侵食による亀裂や半ば鍾乳洞化した空洞があって通気性には恵まれており、石灰岩地帯の採掘は比較的容易であったといえる。唯一の障害は照明であるが、製錬遺跡から割箸状の燃えさしが多く出土しており、これを束にして松明として採鉱にも利用したと考えられ、煙害の少ないヒノキ材が使用されている。

なお、坑内から採集されたサザエの殻は、江戸期の鉱山絵巻にも描写があるように近世の代用灯火器と推考でき、殻の角は、岩場で安定させるのに便利であった。古代長登銅山採掘跡が、江戸期にふたたび緑青採取場として利用されたものであろう。

鉱石の採掘・運搬用具は発見されていないが、採鉱用具はおそらく鉄製のノミと鎚で採掘されたと推定される。製錬所跡から出土した竹製・木製の籠や大型の曲物などが、運搬容器に利用されたものであろうか。

3　古代の採鉱法

古代の採鉱跡は、洋の東西を問わず石灰岩地帯に普遍的であると指摘できるが、これは目に付きやすい接触交代鉱床を探鉱した結果と考えている。国内における採鉱の初源がいつ頃にさかのぼるかは、今のところ定かでないが、七世紀代には採掘の記録がある。また、長登銅山跡においては、上手のからみ堆積場から弥生土器が出土しており、未だ製錬遺構との関係は不明ながら、自然銅採取などの開発が弥生時代までさかのぼる可能性が指摘できる。時期が下り九世紀中頃になる

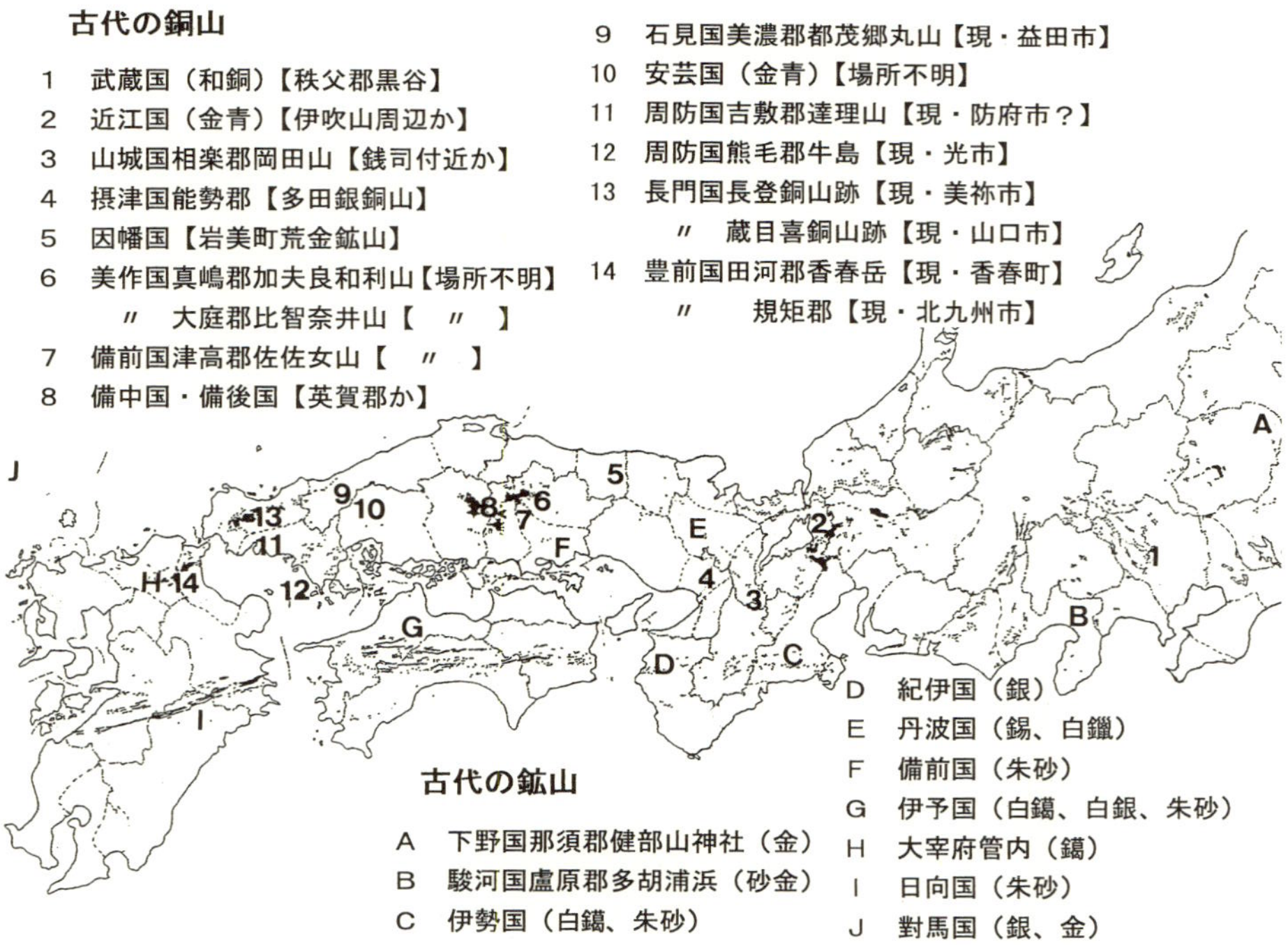
古代の銅山
1　武蔵国（和銅）【秩父郡黒谷】
2　近江国（金青）【伊吹山周辺か】
3　山城国相楽郡岡田山【銭司付近か】
4　摂津国能勢郡【多田銀銅山】
5　因幡国【岩美町荒金鉱山】
6　美作国真嶋郡加夫良和利山【場所不明】
〃　大庭郡比智奈井山【　〃　】
7　備前国津高郡佐佐女山【　〃　】
8　備中国・備後国【英賀郡か】
9　石見国美濃郡都茂郷丸山【現・益田市】
10　安芸国（金青）【場所不明】
11　周防国吉敷郡達理山【現・防府市？】
12　周防国熊毛郡牛島【現・光市】
13　長門国長登銅山跡【現・美祢市】
〃　蔵目喜銅山跡【現・山口市】
14　豊前国田河郡香春岳【現・香春町】
〃　規矩郡【現・北九州市】
古代の鉱山
A　下野国那須郡健部山神社（金）
B　駿河国盧原郡多胡浦浜（砂金）
C　伊勢国（白鑞、朱砂）
D　紀伊国（銀）
E　丹波国（錫、白鑞）
F　備前国（朱砂）
G　伊予国（白鑞、白銀、朱砂）
H　大宰府管内（鑞）
I　日向国（朱砂）
J　對馬国（銀、金）
J
9
10
13
11
H·14
12
G
I
8
7
6
5
F
E
4
3
D
C
2
B
1
A

図35　古代鉱山推定地と石灰岩分布図

と、『日本三代実録』などに鉱物資源の記述が増加し、西日本各地に採鉱山が現れ、熱水鉱床や鉱脈鉱床まで探鉱の範囲を広げていった結果と考えられ、郡司・有力百姓等を仲介とした探鉱の過程が考察されている。

ここでもう一つ提示しておきたいのは、古代の探鉱法は山の尾根を中心に探鉱したと推考でき、近世期の「山相録」に見られるように谷川をさかのぼって鉱石や「焼け」を探鉱するのは、山砂金の探鉱に端を発した中世期以降の探鉱法と解釈できる。したがって、古代には、峻険な山岳修行を前提とした山岳密教と深くかかわった山師の姿が浮かび上がり、不老長寿の薬を求めての鉱山探索も稼業の一つであったと想定できる。

長登銅山の坑内からは、江戸期の灯明皿代用品のサザエ殻や、また灯明皿としては役に立たないアワビの殻も採集されることから、これら光り物は、民俗例でもみえるように魔除けの品ともいえ、宗教色の濃いものと見られる。実際、大切八号坑入口の岩壁に魔除けと見られる五星文（五膀星）や×印が刻印されており（図36）、近年全国各地で発見されている八世紀代の五星文等の呪符から、道教思想の影響を看取することができる。

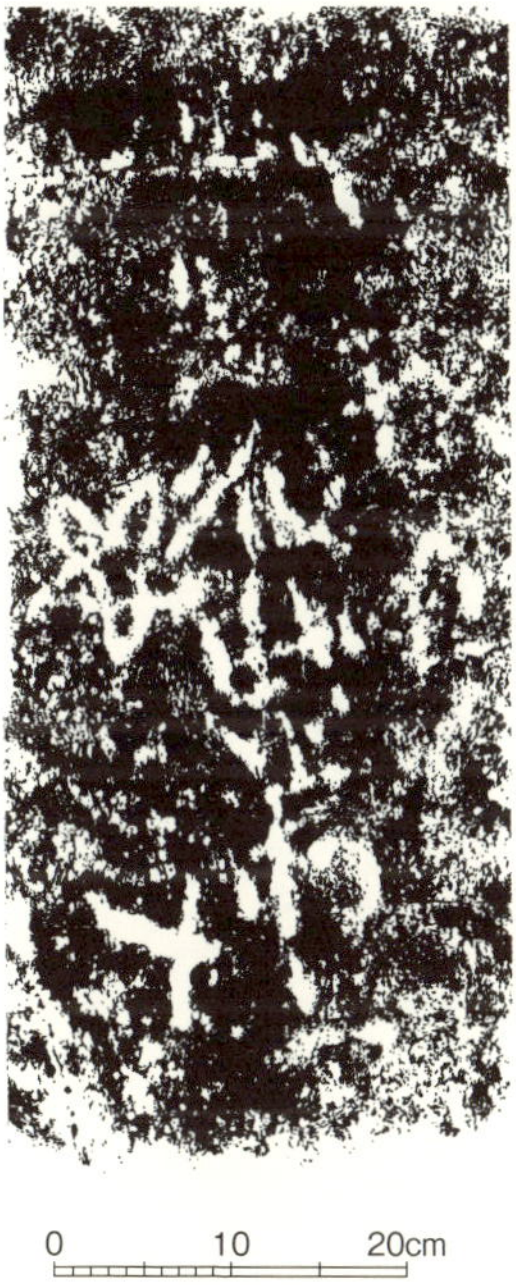

図36　大切８号坑口の刻印
五星文等

4　選鉱場と選鉱道具

選鉱は銅生産の要であり、鉱石選別の良否が製錬の効率を左右する。銅鉱石の選鉱は、搗き臼の台石である要石《かなめいし》の上に鉱石を置き、握りこぶし大の石槌で粉砕し、色目選鉱もしくは水を利用した比重選鉱を行ったとみられる。選鉱作業場は大切ⅡC区2Tで確認されており、丘陵の斜面を平坦にカットした作業面は、からみの鉄分が酸化沈着して赤褐色を呈し、選鉱台座の要石一個が据えられていた。径一～三メートル規模の不整円形土坑内には、孔雀石の小粒片が散在しており、水貯め土坑とも考えられ比重選鉱の可能性がある。木簡には、「洗八斗」（長登木簡四四号）などのメモがあり、水の利用が想定できるが、近世期に一般的な「ユリ盆」に類する遺物は定かでない。出土した鉱石残片には、硅孔雀石・柘榴石の酸化銅鉱石や硫砒鉄鉱塊がある。

要石は、二〇～四〇センチ大の花崗岩自然石に、径八センチ前後、深さ二～三センチの擂鉢状の凹穴が数カ所穿たれ、表裏両面が使用されている。凹穴は搗打痕で磨耗痕は顕著でないので、鉱石を小割にする搗臼台座とみられる。要石は、民家の軒下にも散見され、近世から近代にも緑青製造工程で使用されていて、古代においても緑青製造に利用された可能性がある。（図37、図44－8）

石槌は、縄文時代の石斧状のものや、一辺六センチ前後の立方体を呈した叩き石状のものがある。後者は、各六面が中窪みとなり、縁も丸く摩滅している。（図44－9～12）

図37　要石と石槌

5　製錬作業場

製錬作業場は、発掘したトレンチの随所で確認された（図38）。これらの作業場は遺跡全体に及ぶと考えられ、膨大なからみの量がこれを傍証する。大切製錬遺跡の地形概念は、花の山の麓から北へ小規模な舌状丘陵がいくつか派生し、丘陵間の谷は人工的に整形された大溝となっていて、北の石灰岩台地との境は東西大溝が谷水を東に流出する。

丘陵上には、製錬炉を中心に三～五メートル規模の長方形区画割りを呈した製錬作業場が確認され、炉跡や柱穴・土坑・焼土坑・木炭充満土坑などが遺存する。

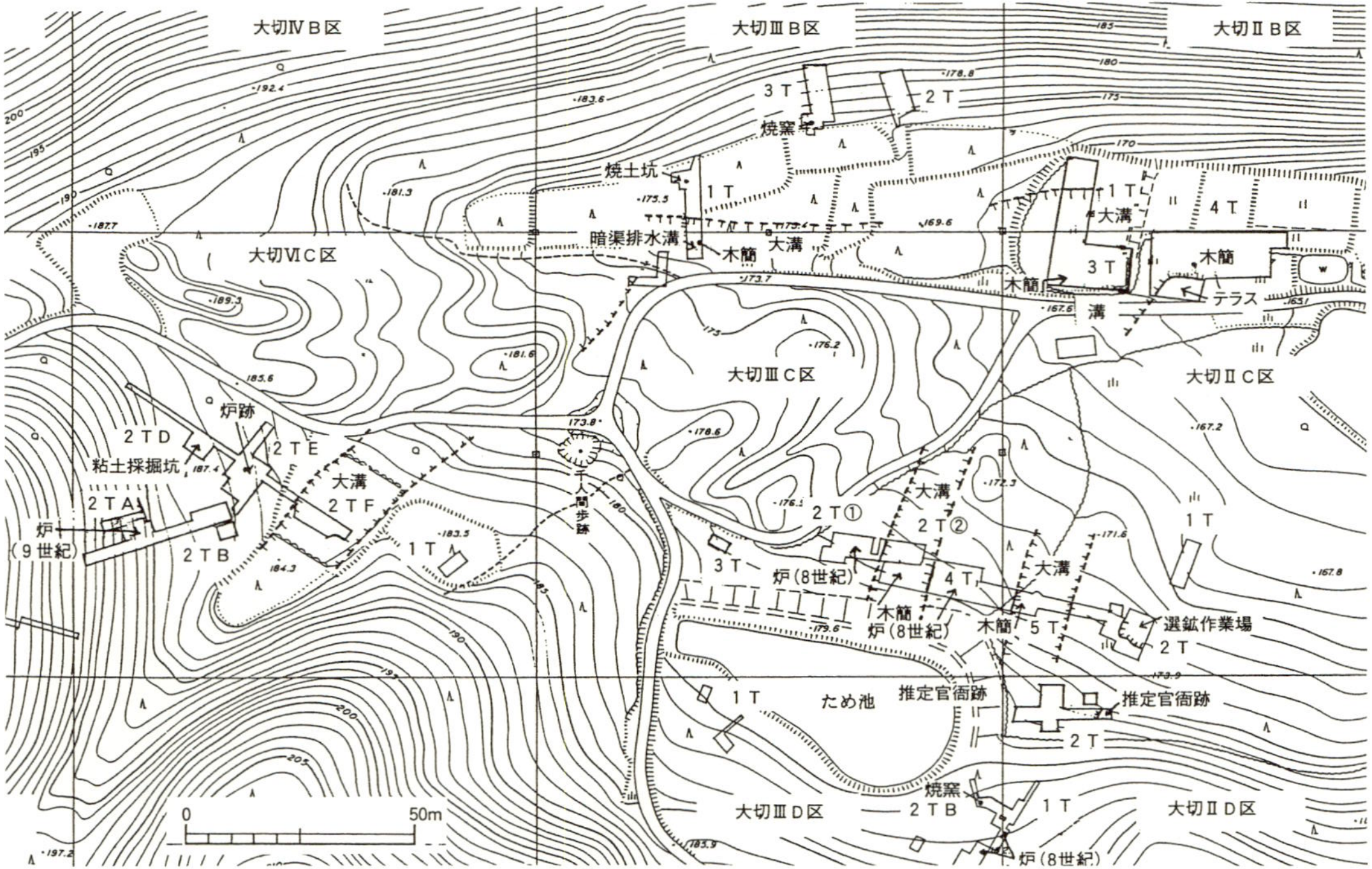

図38　大切谷中心部のトレンチ配置図

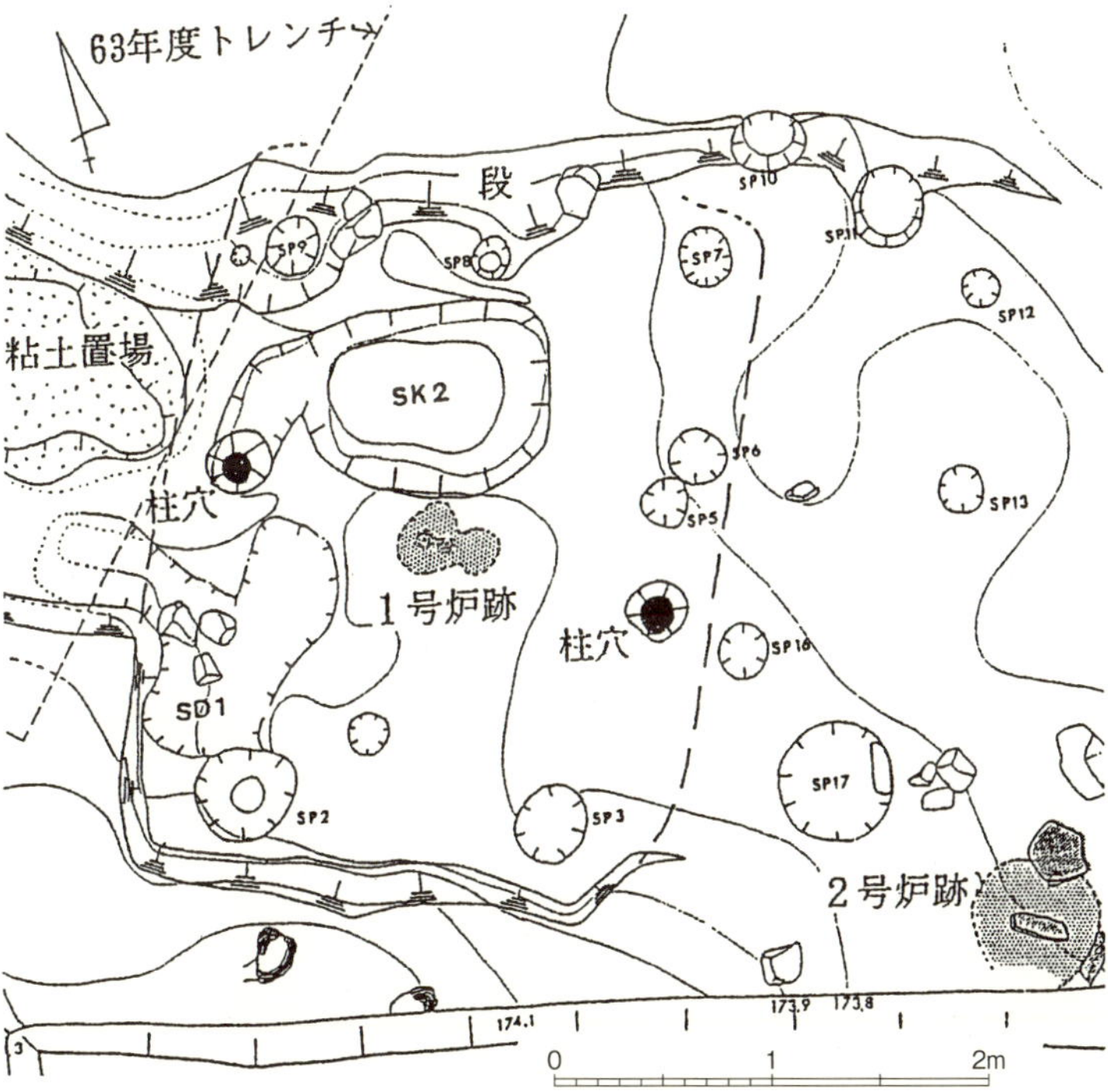

図39　奈良時代の製錬作業場（ⅢＣ区2T）

（一）奈良時代の製錬作業場

奈良時代の製錬作業場は、大切ⅢＣ区４Ｔ（八世紀前半）、大切ⅢＢ区１Ｔ（八世紀後半）、大切ⅢＤ区２ＴＢ（八世紀後半）に検出されている。

大切ⅢＣ区２Ｔ（図39）では、二・三×三・二メートル規模の区画割が認められ、区画内には中央に一号炉と一・二×〇・九メートルの隅丸方形状の土坑、縁辺に柱穴二本が検出された。簡易なさし掛け程度の覆い屋があったと推定できる。区画外には白色粘土の堆積場があった。

また、南北大溝を隔てた東の丘陵上（大切ⅢＣ区４Ｔ）には、溝で区画された三・三×四・八メートル規模の掘立柱建物跡が検出された。柱穴は七本で、建物内に横一列に並んだ炉跡五基が検出された。火床炉（炉C類）二基と焼けの甘い炉跡（炉E類）、炭灰の充満した炉跡（炉F類）などがあり、工程差の違いを暗示させるが、それぞれの用途を明確にすることはできない。この屋外に径五〇《センチ》の円形硬質焼土（A類・一〇号炉）が検出され、これは円筒竪型製錬炉の基底部と見られる。八世紀前半。これらの作業場は、舌状に張り出した丘陵上を段状に整地して施設されている。

大切ⅢD区2Tは、大切製錬遺跡の上手に当たる。緩斜面から三～四《メートル》方形規模の作業場の一部が二面検出され、E類の炉跡二基が検出されたが、加熱度合いの低い炉跡である。出土遺物から八世紀後半～末の時期が与えられ、製錬作業も時期が下ると山手の方へ作業場を移動していったことが看取される。

（二）平安時代の製錬作業場

大切ⅣC区2Tは、大切製錬遺跡の上手に所在する。九～十世紀の土師器・須恵器・緑釉陶器・黒色土器・土錘・要石・獣骨・製錬関係遺物（炉壁片・羽口・からみ・鋳型・石槌・擦り石・青銅片・鉛片）などが出土した。2TAは一段高い場所に選地して、一部張床を施した作業場であるが、溝の区画から三×四《メートル》規模とみられ、C類の炉五基、A類一基E類一基がある。付近から鉛片も検出され、C類の火床炉の様相および化学分析結果から、鉛製錬の場と推定できる（図40）。

大切ⅠC区2Tからも製錬関係遺物（要石・石槌・からみ・炉壁片・羽口・銅片）が出土し、九世紀の製錬場といえる。炉壁片には、Bタイプとした径二《センチ》の粘土紐を芯にして巻上げた特異な炉壁片があり、こしき炉タイプの溶解炉と推考できる。

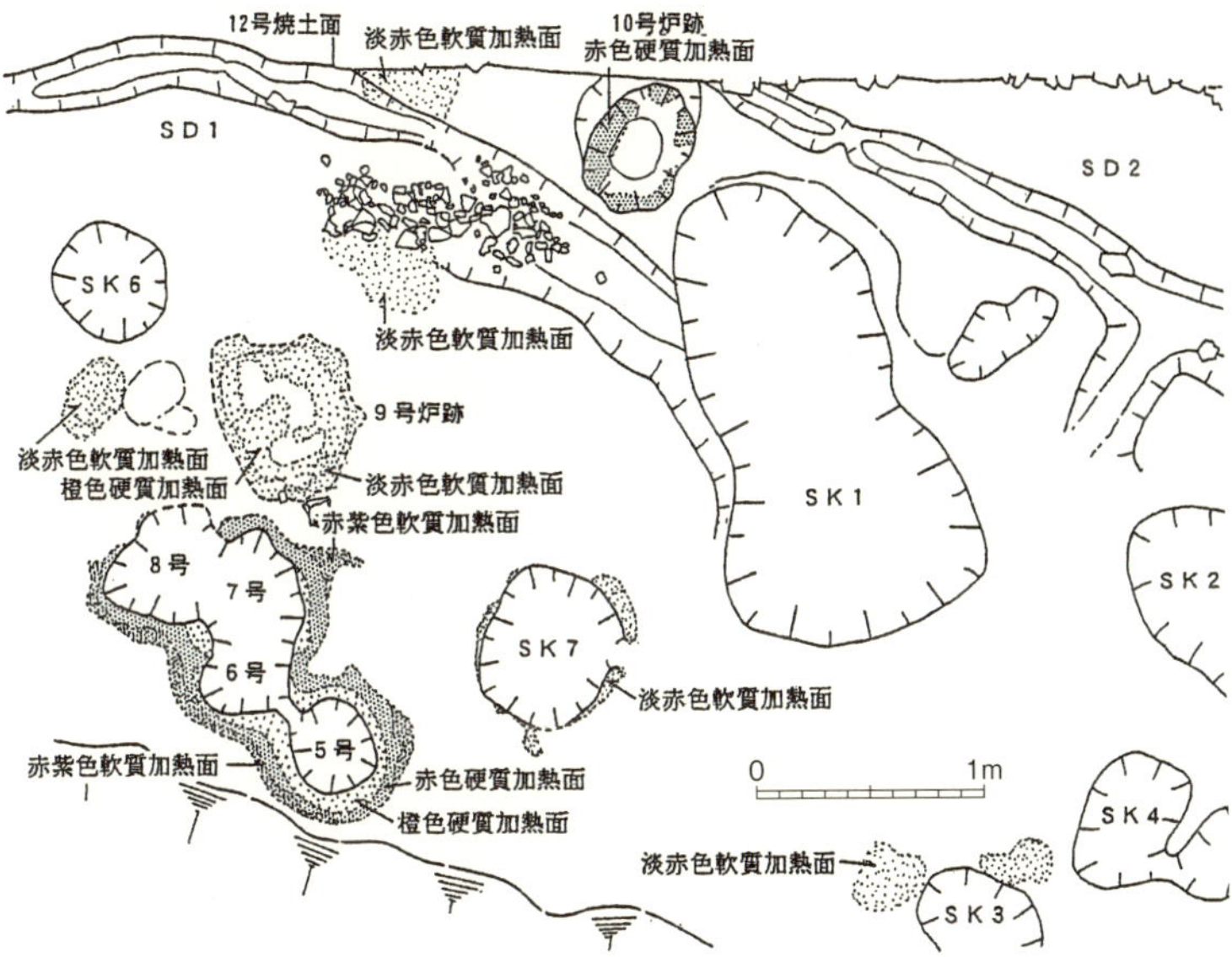

図40　平安時代の製錬作業場（ⅣＣ区２TA）

山神F区に所在する山神製錬遺跡では、径四六×四七センチの隅丸方形、深さ一四センチを測る火床炉（C類）とこれに付随する湯口を検出している。共伴する土師器片・からみから十世紀後半の鉛製錬炉と考えられており、羽口の出土が異常に多いのが特徴的である。

（三）室町時代の製錬跡

大切谷入口付近の、古山ＩＣ区１Ｔの地山面に径一・二メートルの円形硬質焼土が検出された。遺物は羽口・坩堝・円盤状からみ・鉱石片があり、瓦質土器の足鍋から一四世紀末〜一五世紀前半ごろとみられる。古代に一般的な炉壁片の出土はなく、坩堝の内面に付着したからみの状態は、坩堝熔解の痕跡と推定される。また、厚さ五ミリの薄い板状を呈す円盤状からみの出土は、硫化銅鉱石の酸化製錬を物語っているといえる（図73）。

なお、1Tの東南端に径二メートルの白色粘土採掘坑を検出している。ちなみに、花の山ⅠE区に所在する花の山麓製錬跡採集からみも同様の板状からみ片で、中世期の製錬跡は大切谷入口付近に下ってくるといえる。

(四) 江戸時代

大切ⅢB区1Tの北端に、一×〇・六メートル深さ二〇センチの炉跡（D類）が検出され、中世末～近世期以降の炉跡と推定できる。

山神E区1Tで、径三〇センチ深さ一二センチの火床炉（D類）が、鉄分の多いからみとともに検出された。本誓寺建立以前の近世期の遺構であろう。

また、下ノ丁ⅡE区1Tでは町並みの一部が確認されたが、焼土面と断面U字形の江戸期の坩堝が数点出土し、屋敷内での鋳造が推定される。

東吹屋C区の常福寺裏山斜面では、一×〇・九センチ深さ二〇センチの粘土貼りの円形炉が検出された。からみは板状で、常福寺建立以前の室町末～江戸初期が推定される。この常福寺境内一帯は、緑青を吹いたからみが多く堆積している。

このほか、下ノ丁ⅠE区・ⅠF区・ⅡF区一帯は地下にからみが多く堆積していて、江戸期の吹屋製錬遺跡と推定している。

6　製錬炉跡

製錬作業場に遺存する炉跡は、現在二七基が確認されており、遺跡の性格上製錬炉とみなされるが、いずれも基底部のみ遺存するもので原形を保ったものはなく、上部構造は不明である。なお、これらの炉跡は、破壊度合いにも差があるので、正確な分類とはなりえないことを考慮しなければならないが、現状での形態分類を試みると、

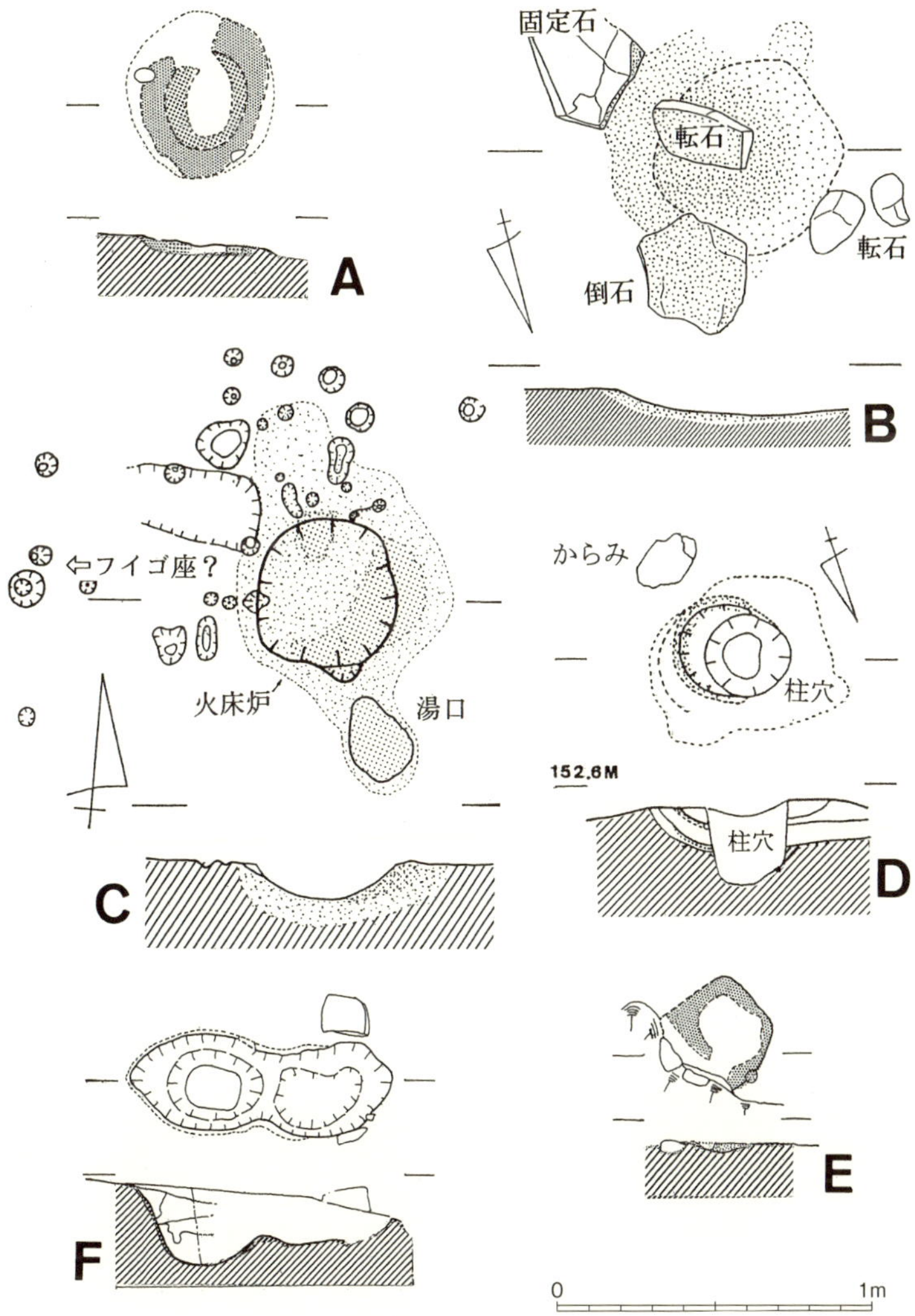

図41　炉跡の形態分類（A～F類型）

次の六形態に分類できる（図41）。

A類型は、作業面が被熱し、径二五～六〇《チセン》の硬質な焼土が円形もしくは不整円形状に遺存する。円筒竪型炉の基底部と推測している。大切ⅢC区一号・一〇号炉（八世紀前半）、大切ⅣC区九号炉（九世紀）の三基が確認されている。

B類型は、径六〇《チセン》前後の円形プランで、皿状に浅く掘り窪んだ部分が被熱し、焼石塊をともなう。これも円筒竪型炉の基底部とみられる。大切ⅢC区二号・三号・五号炉（八世紀前半）の三基が確認されている。

C類型は、径二五～四〇《チセン》程度の円形もしくは楕円形プランで、浅鉢状に掘り窪められた部分が被熱し、深さは六《チセン》前後のいわゆる浅い火床炉形式を呈すもの。大切ⅢC区六号・七号炉（八世紀前半）、大切ⅣC区五～八号・一〇号・一一号炉（九世紀）、大切ⅣC区一号・二号炉（九世紀～十世紀）、山神F区一号炉（十世紀後半）の一一基が確認されている。

D類型は、C類型と同様であるが、深さが一〇～三〇《チセン》の鍋底状となる火床炉。近世期以降に一般的で、被熱痕は顕著である。大切ⅢB区一号炉（中・近世か）、本誓寺跡境内の山神E区一号炉（近世期）の二基が確認されている。

E類型は、作業面に軟質な被熱痕跡が少し窪んで、径二〇～六〇《チセン》前後の円形・楕円形状に遺るもの。大切ⅢC区四号・八号炉（八世紀）、大切ⅢD区一号・二号炉（八世紀後半か）、大切ⅣC区三号・四号・一二号炉（九世紀以降）の七基が確認されている。

F類型は、径二〇《チセン》前後の円形が重複して、馬蹄形もしくは瓢箪形のプランを呈し、深さは四〇《チセン》を測る断面U字形の深い炉である。被熱痕跡は軟弱で炉底に木炭を遺存し、鋳造関係炉と推定できる。大切ⅢC区九号炉（八世紀前半）の一基が確認されている。

7 製錬関係遺物

製錬関係の遺物として、からみ・炉壁片・羽口・坩堝・鋳型・砥石・銅片・鉛片・鉱石片・土師器甕に炭酸鉛の付着したものなどが出土している。

(一) からみ

製錬の廃棄物であるからみは、その形状によって生成過程を考察することが可能で、金属生産技術を解明するうえで重要な遺物といえる。

出土するからみは、大多数が五～一〇㌢大に割れており、原形を保つと推察される三〇㌢大のものが一〇〇個体ばかり出土している。これらは、大別して四類に分別できる。まず古代の大切製錬遺跡で普遍的に出土しているのが流状滓（Ⅰ類）で、表面は径二㌢前後の帯状の流出痕が放射状に残る。これは一つの出口から半液体状のからみが連続的に流出し、緩斜面に冷却固化したものである（図42）。

断面が椀型を呈す椀型滓（Ⅱ類）は、表面に帯状の流出痕が残り、基本的には流状滓と変わりはないが、放射状の流出痕が看取されない。断面椀型の成因は土坑に溜まったものと推察される。

また、径六〇㌢前後の大型碗型滓（Ⅱ－2類）は、平たい帯状の痕跡や気泡が見られるが、全体的には滑らかで、地床炉から順次掻き出されたと見ることができ、土坑に堆積されたものである。

見た目にも明らかに成因が異なると考えられるものに塊状滓（Ⅲ類）がある。これは、灰色を呈して全体的に気泡が多く、木炭片を包含している

図42 竪炉から流出した流状からみ

のが特徴的である。木炭が燃焼していないので、熔解中の産物と推定でき、製錬途中で炉が破損して放棄されたものであろう。製錬初期の産物と考えられ出土数はかぎられる。

厚さ五ミリ～一センチ、径二〇～三〇センチ程度の薄い板状の円盤滓（Ⅳ類）は、縁が内側に反りあがり表裏面とも滑らかである。これは、火床炉内のからみに水を打って「カワ」を剥がした痕跡と推定できる。

同類の板状滓（Ⅳ類－2）は、板状の小さな破片となったもので原形が不明であるが、円盤滓の破片とみられる。

これらのからみのおよその時期を推定すると、Ⅰ類は古代の大切製錬遺跡から普遍的に出土しており、古代銅製錬（還元製錬）の基本的な産物といえるが、製鉄遺跡の総社市千引かなくろ谷遺跡や福岡市元岡遺跡などに見る鉄滓とも類似してい

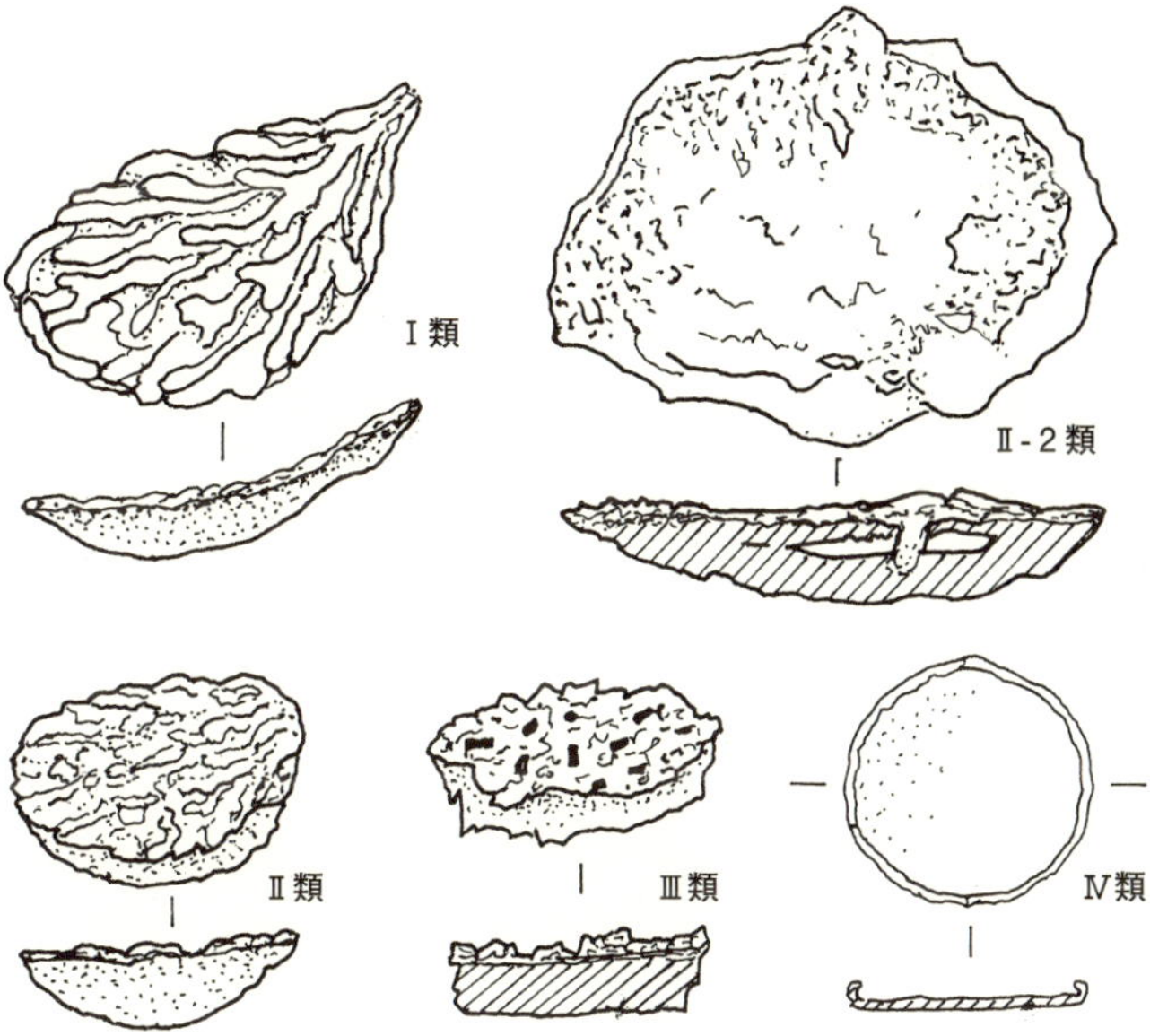

図43　からみの形態分類図

る。Ⅱ類は、古代から近世期の冶金遺跡に存在し、製錬にかぎらず金属熔解の普遍的な産物とみられる。Ⅱ－2類は江戸期の所産で、地床による大掛かりな酸化製錬が想定される。Ⅲ類は八世紀前半のみに顕著で、熔解途中で廃棄された産物であり、熔解技術の稚拙さが知れる。Ⅳ類は、古山ＩＣ区から東の下ノ丁や吹屋の中世期以降近世期に一般的であり、古代ではごく稀である。Ⅳ類は硫化銅鉱石を用いた酸化製錬の所産と推考される。

(二)　炉　壁

炉壁片は、その様相からＡ・Ｂの二類に大別できる。Ｂ類は、径二《チセン》の粘土紐を輪積みにした厚さ二《チセン》の器壁を呈し、内面が熔融していない。大切ＩＣ区２Ｔから出土した口縁部１個体分のみであり、製錬炉壁ではなく熔解炉（コシキ炉）壁と

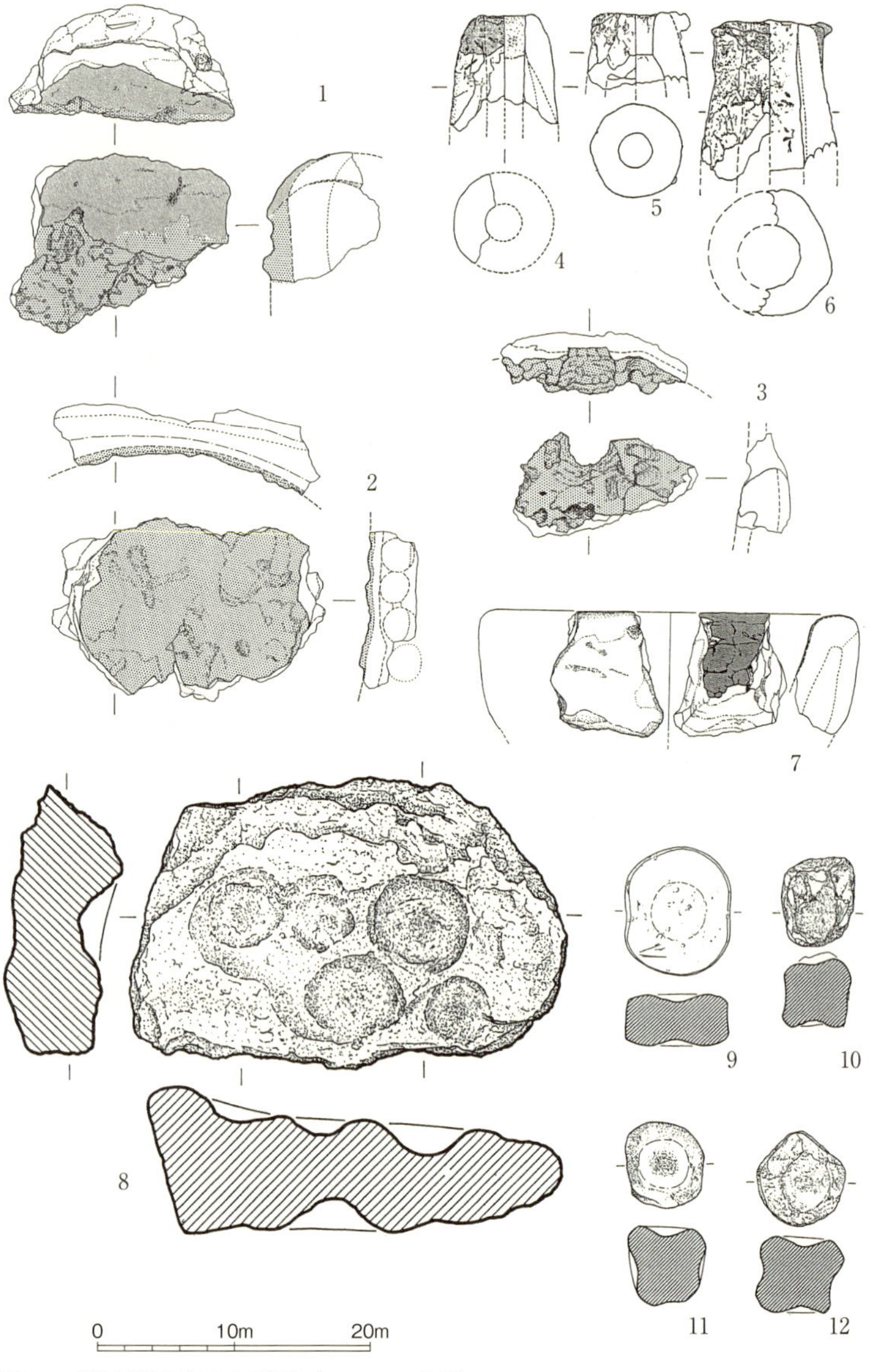

図44　製錬関係遺物実測図（1～3：炉壁、4～6：羽口、7：るつぼ、8：要石、9～12：石槌）

みられ、使用前に破損したものであろう。

　A類は、内面が高熱のガスにより熔融したもので、厚さ四センチ前後、五～一五センチ大に破損した小塊が多く出土している。内面が黒褐色を呈し、鉱滓が付着してガラス質様に熔けたものもある。断面を観察すると、内側から五ミリくらいが黒色のガラス質で非常に硬く、外面に向けて灰色の硬質、少し硬い赤褐色、脆い薄赤色、被熱度の弱い黄褐色の順となり、これより外面は脆く剥離している。炉壁の厚さは口縁部（図44－1）の復元で一四センチ前後と推定でき、炉材に二ミリ程度の石英粒を多含して耐火度に優れ、スサを混入したものもある。

　炉壁の芯に粘土紐や粘土帯を輪積みにしたもの（図44－2）があり、A2類としている。粘土紐の径は三～五センチ程度であるので、炉構築の際立ち上がりの芯として、さらに内外面に粘土を貼り付けたものであろう。なお、内面に修復の粘土を貼ったものがあり、一次操業の後、補修されてふたたび操業されたことが看取され、多いものでは三回の修復痕がある。

　また、炉壁内面に径三センチ前後の風口痕を有すもの（図44－3）が数点出土しており、この風口は風孔として炉壁を貫通していたと思考される。風孔内はからみの逆流もなく、つねに外部から送風が維持されていたことを物語っている。炉壁の復元内径はおおむね三〇～五〇センチとなり、半地下式円筒竪型炉を想定している（第Ⅷ章参考）。

(三)　羽口

　羽口片は、十世紀後半以降の山神製錬遺跡からは、わずか一二平方メートルのトレンチから五〇個体相当の羽口片が出土し、総じて長さ一五センチ風孔径二センチ前後のものである。これに対して、八～九世紀の大切製錬遺跡からは非常に少なく、これまでの調査でわずか十数点の出土である。長さ一五センチ径八センチ風孔径二〜四センチを測り、火口外面が熔融してガラス質となるものもある（図44－4〜6）。

これらの羽口は、裾部がハの字状に広がって風孔が漏斗状となり、いわゆるバルブ羽口の類と考えられる。バルブ羽口とは、羽口中程の風孔に送風管が接続され、送風と空気吸入の二つの機能をもつものである。

(四) 坩堝

坩堝は、大切ⅢC区4Tから一個体分の破片二個が出土しており、ⅢC区の第九号炉跡にかかるものと推定される。復元径二五センチ、器厚四・八センチ、深さ七・五センチで内面が被熱している（図44－7）。

(五) 鋳型

鋳型は、大切ⅣC区2TA作業面整地層のなかから一点出土している。内径一七センチ深さ五・五センチで器厚五〜六センチを測る鍋形の完形品で、口縁には鍔がある。九世紀の製錬作業面下に埋設されていたことから、地鎮祭に使用されたものと推定される。

銅インゴットの鋳型とみる説もあるが、器形が深すぎるきらいがあり、断定できない。

(六) 鉱石・金属・鉛付着甕

鉱石は、柘榴石や珪孔雀石の残片があり、孔雀石は石灰岩や粘板岩質スカルンに付着した小片である。銅の含有量が少ないので放棄されたものであろう。

金属片は、長さ五センチ程度の薄い板状不整形のものが数片出土しており、緑色を呈した銅片（図

55－105）や灰白色の炭酸鉛片（同104）、銅鉛合金片（同103）がある。

なお、土師器の甕内面に、炭酸鉛が厚さ二～五ミリ程度付着した破片が数点出土している。これは、鉛関連工房の美祢市美東町大田の平原第Ⅱ遺跡でも出土（図71）しており、顔料の「胡粉」製造に関連するものであろう。第Ⅷ章6項で詳述する。

8　粘土と木炭

（一）粘土採掘坑

金属の製錬には、炉の構築や羽口の製作用に粘土は不可欠である。長登銅山跡内には数カ所の粘土採掘坑跡があり、そのうち大切ⅠC区2T（九世紀）には花崗斑岩が風化した良質の第一次粘土が堆積していた（図45）。白色粘土のなかには二～三ミリ大の石英粒が多含され、耐火度に優れた粘土といえる。

粘土採掘坑は、丘陵斜面に径一メートル、深さ四〇センチ前後の土坑が連続的に掘削されている。実際にこの付近の粘土で炉を構築して製錬実験を行った結果、耐火度のよい粘土であることが実証された。このほか、古山ⅠD区（中世期）や大切ⅥC区（九～十世紀）の黄色粘質土帯にも粘土採掘坑が検出されている。

出土遺物に八世紀の粘土ヘラが数点ある。楕円形を呈するもの（図56－20・21）、幅の狭い羽子板状のもの（同22・23）など、形態はさまざまであるが、炉構築等の成形に使用されたと推察できる。

（二）木炭窯・焼窯

古代の木炭は、黒炭と白炭があったことが知られ、それぞれの窯跡が全国で多く発掘されてい

図45　粘土採掘坑群（大切ＩＣ区２Ｔ）

る。とくに、白炭窯は横長を呈し、炭の掻きだし口が数カ所施設してあるので明瞭に見分けることができ、古代製鉄遺跡に多くみられる。焼成途中で木炭を掻き出し、砂などをかけて消した硬い生焼けの炭が、炭素の残存量も多く持続力に優れた炭であったようだ。長登銅山跡では未だ確認していない。

大切ＩＣ区５Ｔから窖窯式の炭窯跡一基が検出された（図46）。長さ四メートル、幅八〇センチを呈し、推定内高五〇センチ、傾斜角七度を測る。窯内に径五センチ前後の木炭が残存していた。軟質であり黒炭窯であろう。

長登銅山跡の堆積土中に残る花粉分析の結果、古代は原生林のアカガシなどが長年植生し、皆伐によるマツ属の発生は時代が下ることが判明している（図47）。このことは、奈良時代には樹木の皆伐は行われずに、重要なエネルギー源である樹

図46　木炭窯〔和炭用〕（大切ＩＣ区５Ｔ）

木の管理が行われていた可能性を示唆するもので、官衙内の環境に配慮していたとする説がある。同時代の大規模な製鉄遺跡とは趣を異にする様相であり、官衙遺跡の性格を考える上で重要である。

製錬で大量に消費する木炭は、官衙外部から頻繁に搬入されていたようで、長登木簡には五五・五六号に「和炭」、一一九号に「出炭」一二三号・六三六号に「炭」の記述があり、一度に三〇〜四〇石くらいが搬入されている。「和炭」が黒炭で後者の「出炭」「炭」は白炭と理解され、和炭は軟質で着火力も早いので、製錬には両方を混合して使用したものであろう。炭焼き工人に土師・凡海部・忍海部・日置部・刑部・大伴部の氏姓が見える。木簡九〇号には「×炭釜作十七人和炭二人」の記録があり、炭窯造りに一七人を動員し、炭焼番人二人を配置したと推定される。

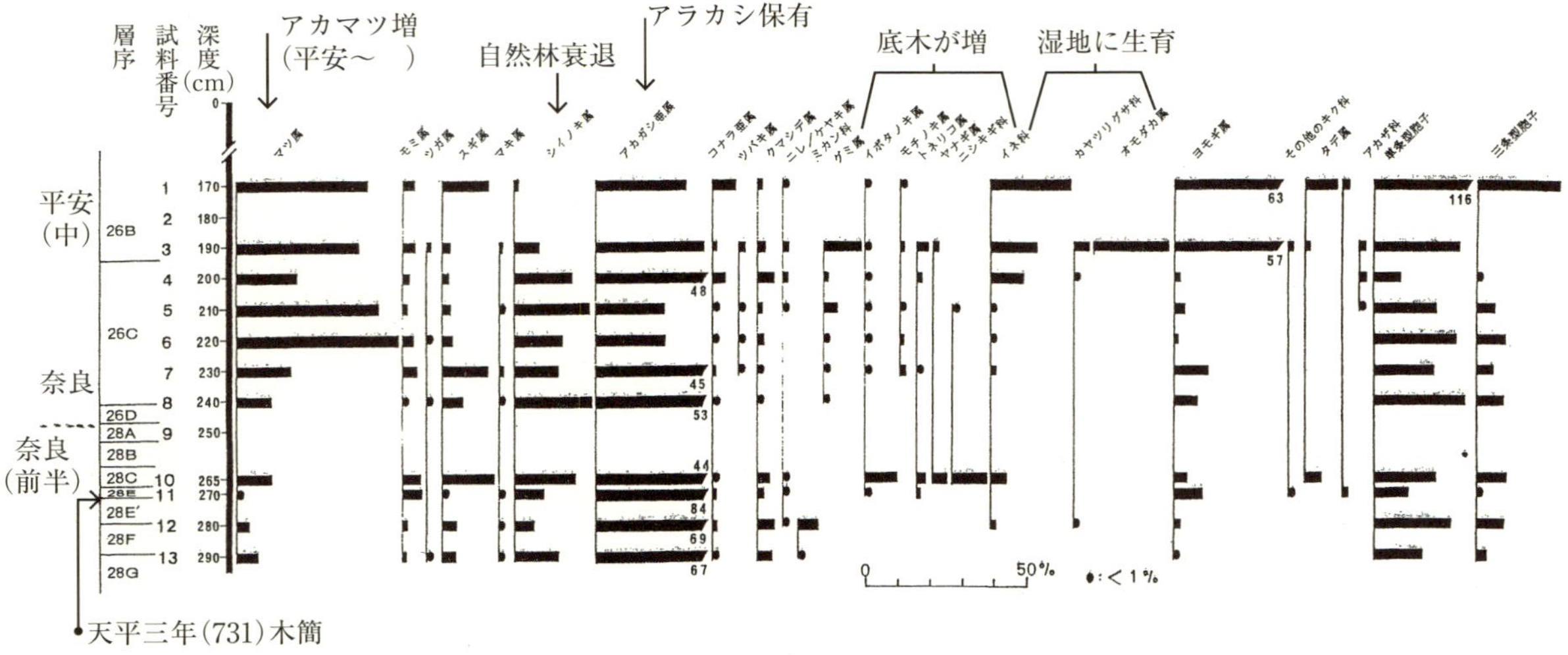

図47　大切ⅢＢ区１Ｔ堆積土層の花粉分析（畑中健一作成）

図48　焼釜様の焼土坑（大切ⅢＢ区３Ｔ）

また、近年、黒炭窯・白炭窯とは別に、古代の野焼き窯の存在が指摘されている。地面に穴を掘り酸化焼成する簡易なもので、江戸時代に松材を焼成する「火柄炭窯」の部類と考えられる。

大切ⅢＢ区３Ｔの緩斜面に、一・六×一・四メートル、深さ三五センチの楕円形鍋底型土坑（図48）が検出され、上手の内壁が被熱していた。木炭野焼窯か硫化鉱石の焼窯とみられるものの、付近から茶褐色の鉱石が出土していたので後者の可能性を報告した。その後、この鉱石は磁硫鉄鉱石と判明し、焼鉱石ではないことがわかった。また、大切ⅢＤ区２Ｔからも、一・二×〇・九メートル、深さ五〇センチの楕円形土坑（ＳＫ１）が検出され、内壁が硬く焼けており焼窯とした。

これらの焼窯は、対象物が木炭か硫化鉱石のいずれかと思われるが、後者とすると、銅製錬技術のあり方を左右するので慎重を要する。

図49　暗渠排水溝（大切ⅢＢ区１Ｔ）

9　大溝と暗渠排水溝

大溝は、これまでの調査で南北大溝三条、東西大溝一条が確認され、自然の谷地形に沿った溝であり、南北大溝は東西大溝に合流する。なかでも、南北大溝二は、谷地形を人工的に整形しており、上幅一二《メートル》、底幅七《メートル》、高低差一・二《メートル》を測り、横断面は逆台形状を呈す。未確認ではあるが、木簡等の出土状況から、谷水を堰き止めた井堰が想定される。製錬には水が必要不可欠であり、飛鳥池遺跡の例からも、今後井堰が検出される可能性は大きい。

暗渠排水溝は、大切ⅢＢ区1Ｔの南端に検出され、区域的には大切ⅢＣ区に入る。下流域の東西大溝の上流にあたり、途中が未発掘ではあるがこれに接続するものであろう。中近世期以降とみられるV字状の溝の下部に位置し、地表下四メートルのレベルに施設してある（図49）。

　排水溝の構造は、往時の地表面をV字状に掘削し、さらに幅〇・六～一・一メートル、深さ五〇センチの溝状に掘り窪め、溝底のコーナーに径八センチ、長さ四メートル前後の樫材の底木を敷いて、間隔が狭くならないように一メートル前後の間隔で幅木を施設している。底木の上には、長さ七〇～八〇センチの側木をおよそ四〇～六〇センチ間隔で載せており、さらにこの上に横木が架設してあった。

　排水溝の内面法量は、横幅四〇センチ、高さ七〇センチ前後となり、これがもう少し広ければ坑道跡とも解釈できるのであるが、溝内に厚さ二五センチの白色粘土が堆積していたので、排水溝と判定した。用途は選鉱泥土を排出したものであろうか。暗渠とした理由は地表面を有効利用するための方策としか考えられず、狭小な谷の有効利用の所産と解釈される。構築時期は明確でないが、九世紀代と推考している。

10　役所跡はどこか—祭祀の痕跡

　長登採銅所の役所跡は、発掘調査で未だ明確にされていない。ただ、大切谷頭のⅡD区2Tに基壇状の一角を検出しているので、あるいはこれが役所建物の壇かもしれない。木簡が多数出土した上手にあたり、条件的には好敵地といえる。

　役人が使用した遺物は、須恵器や都城系の土師器、緑釉陶器、製塩土器などが該当する。

　須恵器の墨書土器に「大家」があり、赤色塗彩した祭祀用の須恵器皿にも「大」のヘラ描がある。いずれも長登採銅所の長官を指すものと考えており、木簡の「大殿」も同様かもしれない。墨書土器には、坏蓋に墨書された「銅」、「姜」、

「合」や坏の「酒」、「□家」、「生□」、「女」、「下□」、「○」、「牙」、「本（奈カ）大」があり、「□□福」「駿王野」は人名であろうか。硯は、須恵器の蓋・坏の転用硯が多いが、円面硯の脚も出土している。これらの墨書はおおむね八世紀中頃から後半のものである。そのほか、碁石をはじめ、木製の物差し、鹿骨製の算木などがある。

律令祭祀は、図56の木製品1～3の刀子形・鳥形・馬形の出土が、その執行を証明するが、大溝内に長頸壺と短頸壺がセット（図50－23・24）で確認され、祈晴や地鎮を祈願した痕跡もある。

また、大切ⅢC区2Tの南北大溝底から七個の瓢箪がまとまって出土したが、三・五・七の数は古代祭祀の数で、律令の水辺の祭祀と推定されている。そのほか、馬の頭骨のみ一個が東西大溝から出土していることで、地方における古い土俗的な祭祀も併行して行われていたと推察される。

11 生活関連遺物

生活関連遺物は多彩である。日常食膳具の須恵器・土師器・緑釉陶器・黒色土器・六連式製塩土器・弥生土器のほか、土錘・石器・鉄製品・骨製品・木製品・木簡・草履・籠・コイン状からみや多くの動植物遺体が出土している。

とくに、須恵器・土師器等の年代観から、長登採銅所の時期を明確にすることができるが、今のところ七世紀末から十世紀中頃の時期を推定している。遺跡内で発掘された場所は、全体の一割弱であるので、これから新たな資料が発見されることは免れない。

(一) 須恵器

奈良時代前半は、大切ⅢC区2T下層（三四～

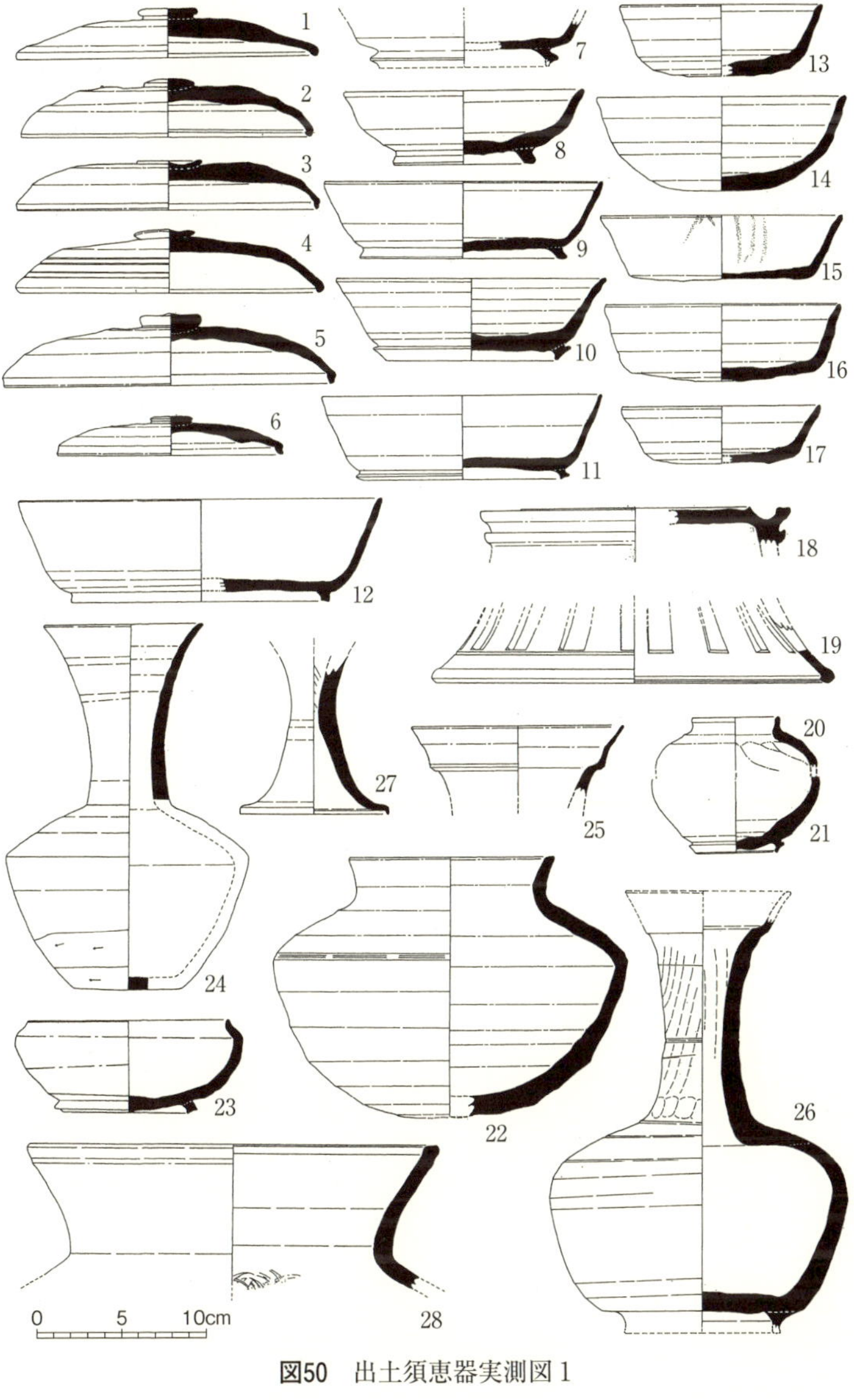

図50　出土須恵器実測図 1

四二層）と4T下層、ⅡC区5T下層出土品（図50－1～3、8～11、14、22）が、七三三（天平五）年以前の木簡と共伴し、山口県須恵器編年の基準資料となっている。紀年銘の最も古い木簡は、大切ⅢC区2T三六層出土の神亀三年（七二六）銘や「里表記木簡」であり、時期幅をおよそ七一五年から七四五年としている。なお、木簡の保存期間を想定して、木簡の年記と埋没年代はかならずしも一致しないとする見方もあり、上記の相対年代を五〇年前後下げる編年観（『防府市史』）もあるが、長登木簡の銅付札等は、生産遺跡であるがゆえに回転サイクルも早く、このような懸念は論外といえよう。

蓋（図50－1～5。以下、遺物を示す数字はすべて図50～図56の枝番号）は、扁平なボタン状撮みを付し、天井部はドーム状を呈す。口縁端部を内側に丸く仕上げる七世紀末の形式を残すものもある。4は硯に転用され内面が磨滅している。高台付坏は、7・8が七世紀の形式を残し、八世紀に入ると腰部にシャープな高台が付き八の字形に外へ広がる（9～11）。12は口径二〇・六センチの大型品で、つくりも丁重で県外からの将来品と考えられ、高台も腰部から中心部に寄ってくる。これと共伴した材木の年輪年代測定値は七四四年であった。坏（13～17）のなかにも、底部にヘラ削りが残り、七世紀代の様相を残すもの（13）がある。円面硯（18・19）、短頸壺（20～23）、長頸壺（24～26）、高坏（27）、甕（28）は八世紀前半に相対できる。23と24はセットで出土した祭祀用である。

図51は八世紀後半から九世紀末にかかるものを図示した。蓋（29～38）は、天井部が平坦化して、口縁部に段を有するようになり、環状つまみ（34）も出現する。高台付坏（39～47）は、高台

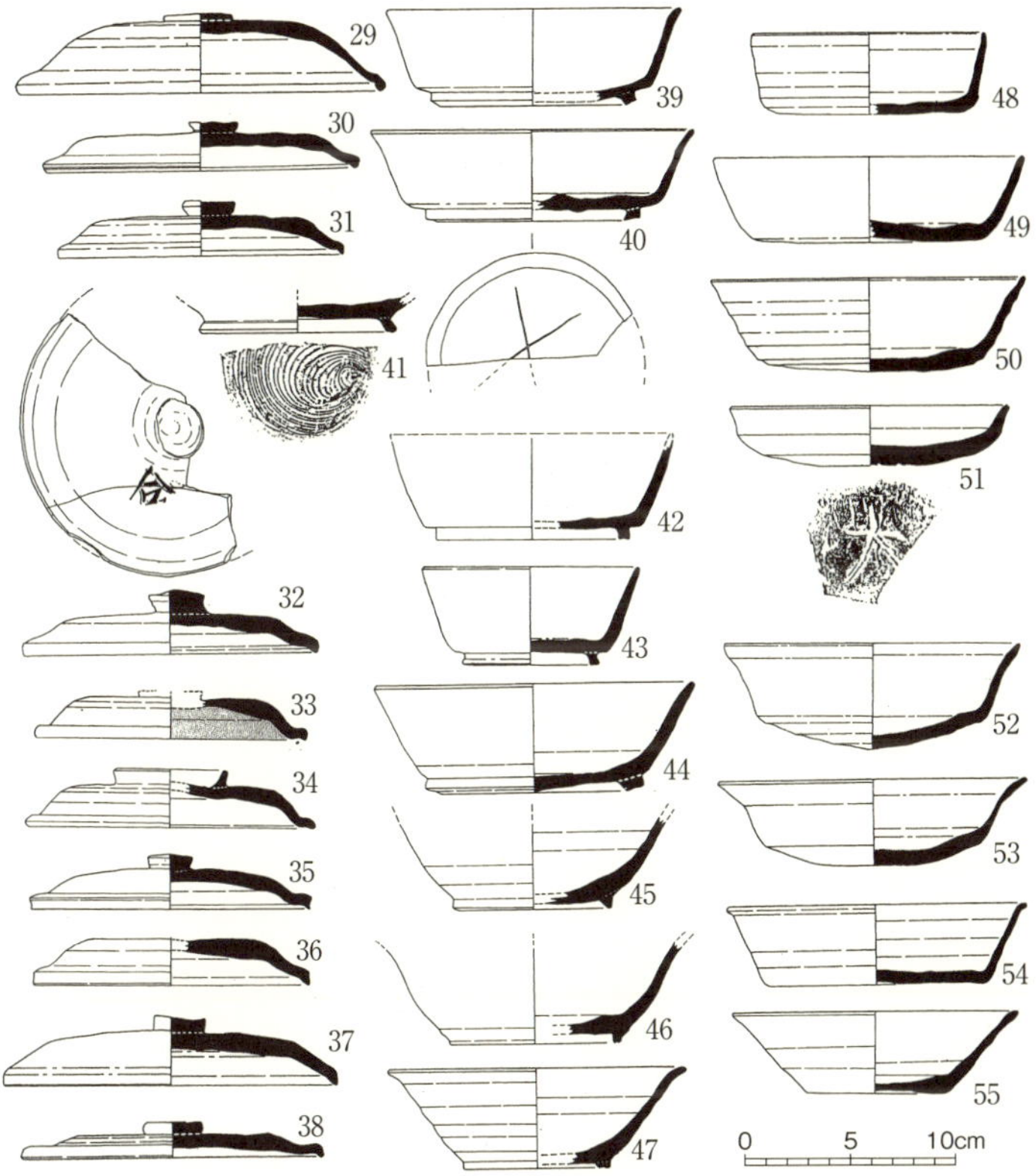

図51　出土須恵器実測図 2

が腰部から中心部に寄り、高台の断面も四角形となる。底外面に糸切痕を残すもの（41）があり、この技法は環状撮みとともに山陰方面からもたらされたと考えられ、技術工人の系譜を考える上で重要である。八世紀後半から九世紀にかかる須恵器はほとんどが破片となっており、図示できるものが少ないが、ヘラ描「大」（51）、線刻の×印（40）や≠印などがあり、墨書銘は前述したとおりである。

　九世紀になると、蓋は扁平となり撮みのないものも出現し、九世紀も中頃以降はほとんど扁平（38）となる。坏は体部が外

期区分	遺跡名	基準資料
ⅦB 710	周防国府 SK6860 ＝ 末田3号窯 …… 周防国府 SK7060 峠山1号窯 長行窯 陶1号窯	
ⅦA 740	周防国府 SK7060 … 周防国府 SK1410 ＝ 末田1号窯 … 周防国府 SK6753 ＝ 末田2号窯 陶1号窯 … 陶2号窯・陶3号窯 長登銅山跡下層 長行窯 峠山3号窯	

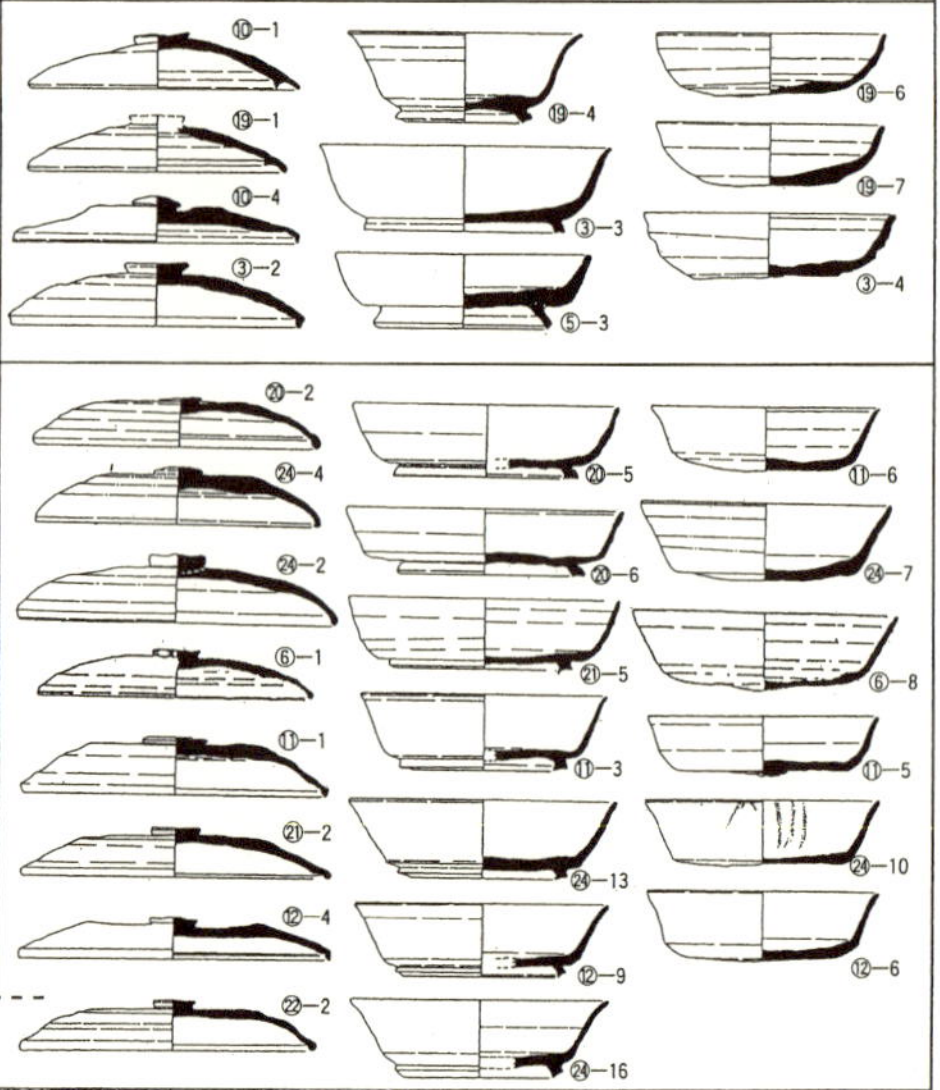

（次ページにつづく）

反するようになり、九世紀中頃から大きく開く(46・47・55)。高台付坏の高台は断面三角形となり小型化する。

(二) 土師器

土師器は、八世紀前半の都城系土師器が多く出土しており、八世紀後半になるとロクロ土師器も見えるが絶対量は減少し、九世紀後半頃からふたたび増加して、十世紀には土師器のみとなる。

図53は59・61を除いて大切ⅢC区下層出土であるが、57・63・64・67が大溝最下層の四一層出土で、56・60は地山面出土で古い。ヘラ施具で調整し、内面には螺旋などの暗文を施し、平城京Ⅱに相対するが、造作は地方作である。採銅所開設に当たって、派遣された役人の趣向を満たしたといえよう。

八世紀後半になると土師器の坏は減少し、甕の

（前ページからのつづき）

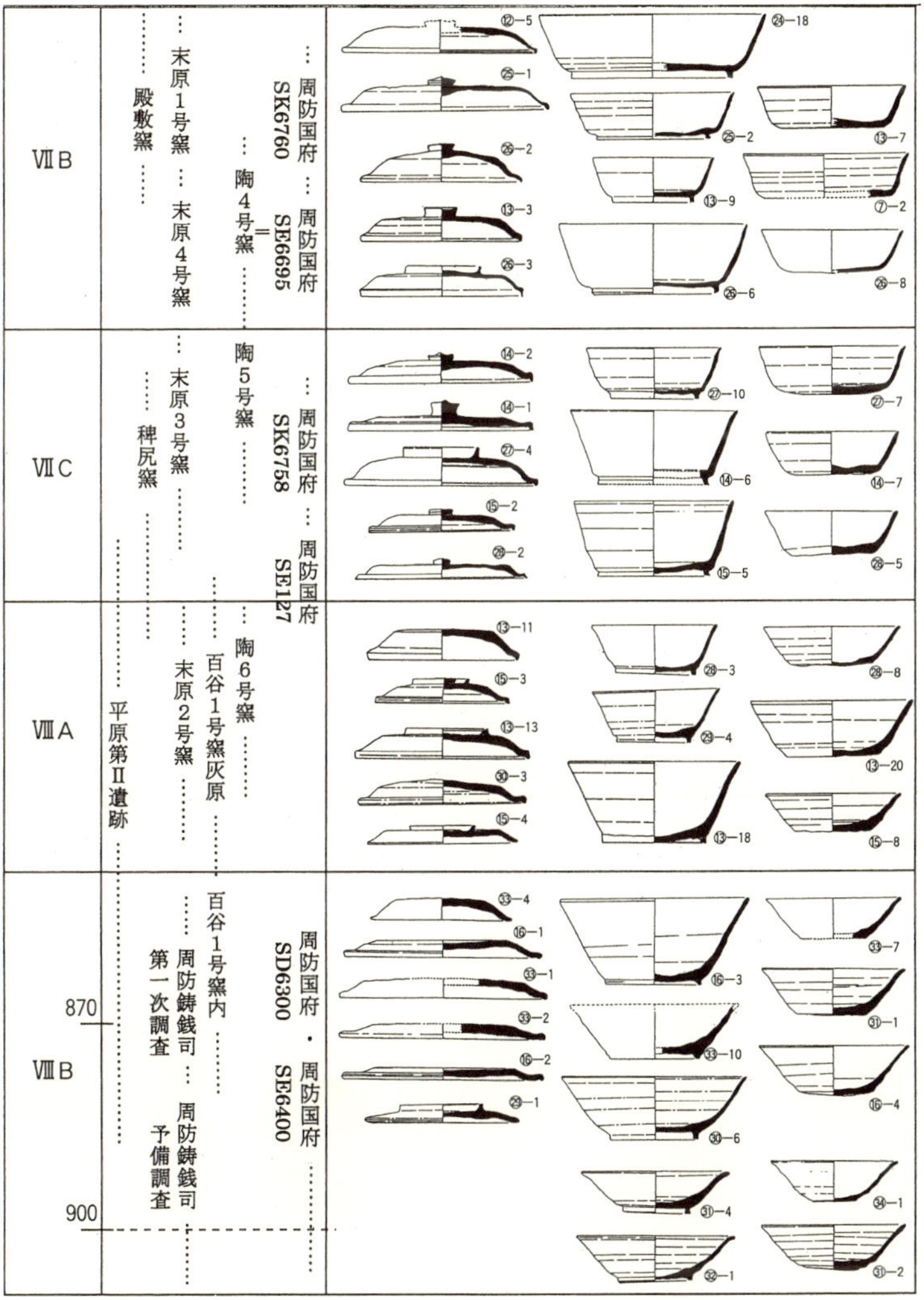

図52　山口県須恵器編年表（『山口県史資料編・考古2』より）

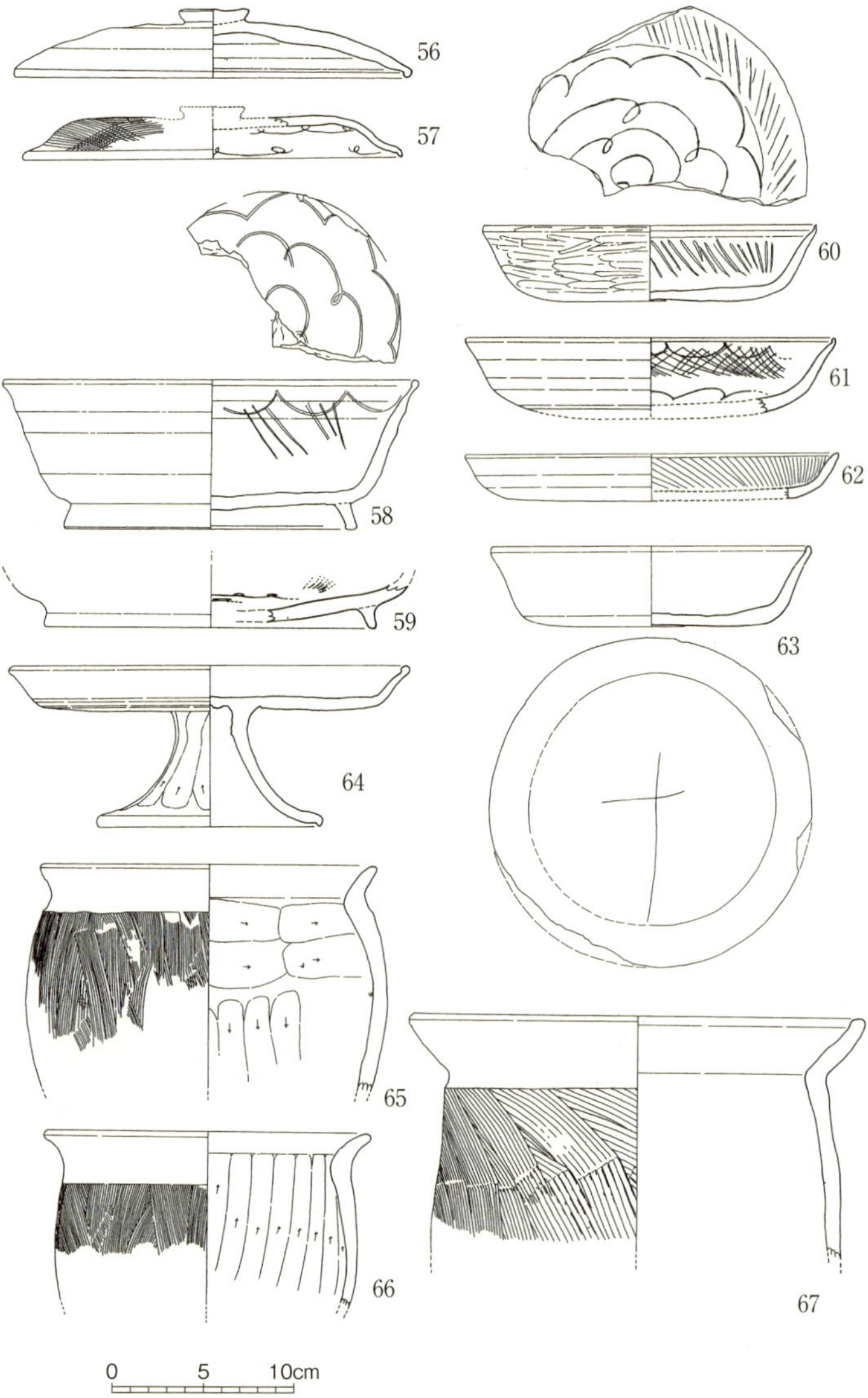

図53　出土土師器実測図（8世紀前半）

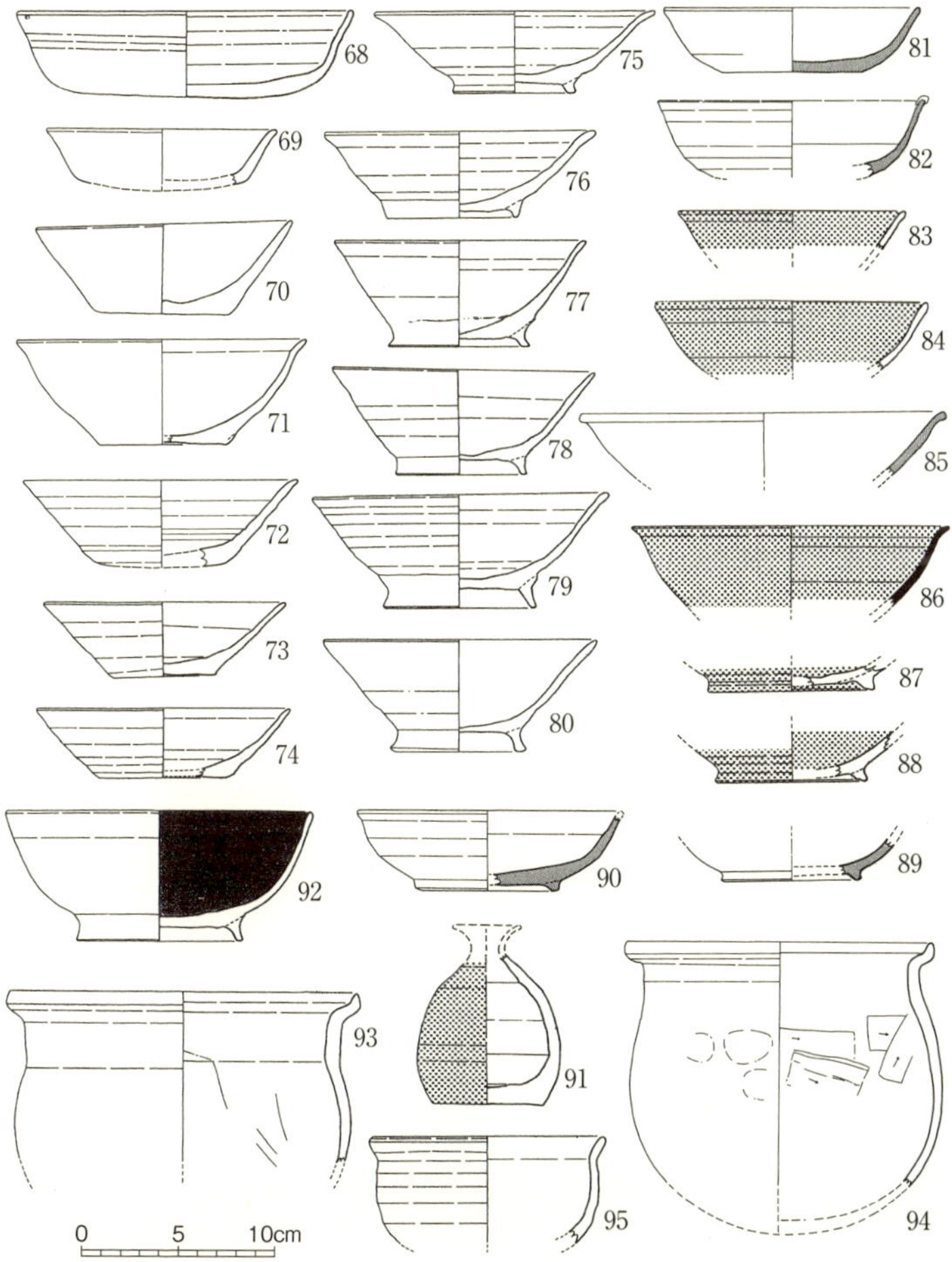

図54　出土土師器（68〜80・93・95）・緑釉陶器（81・91）・黒色土器（92）実測図

みとなるが、九世紀になるとロクロ土師器が出現し、坏（70）は糸切底である。71・72・75・76などは九世紀後半に下る。坏（73・74）高台付坏（77〜80）は糸切底で回転ナデ調整を施す。これらは周防鋳銭司跡にも類似品があり、九世紀末から十世紀前半期に位置づけられる。糸切技法は県内でも早い時期に導入されているが、甕（93・94）は、京都Ⅳ期古にも類例があり、十世紀前半であろう。今のところ長登銅山跡の最終的な土器群である。

(三) 緑釉陶器

坏（81・82）は、胎土が薄橙色で硬質を呈し、緑系の薄い釉薬がかかる。九世紀前半であろう。胎土が薄橙色・白色を呈し、軟質で精製された胎土の土器は長門産と考えられ、坏（83・84・88・89）、皿（87）、小瓶（91）があり、釉薬は淡緑黄色系である。九世紀後半から十世紀前半の時期に相対できよう。86は灰色系の硬質な焼きで外来系である。90は体部の立ち上がりに稜をなす稜碗で、形態は東海産緑釉陶器の影響を受けたと考えられており、九世紀後半である。

(四) 黒色土器

92は、内黒で内外面にヘラ磨き調整があり、糸切底である。十世紀前半。大切ⅣC区出土で、もう一点破片がある。

(五) 製塩土器

器内面に布目痕があり、粗雑な木綿痕と細かな絹目の種類があり（96）、器形は砲弾状を呈す。下関市六連島で確認されたので六連式製塩土器とよばれ、焼塩壺の部類である。

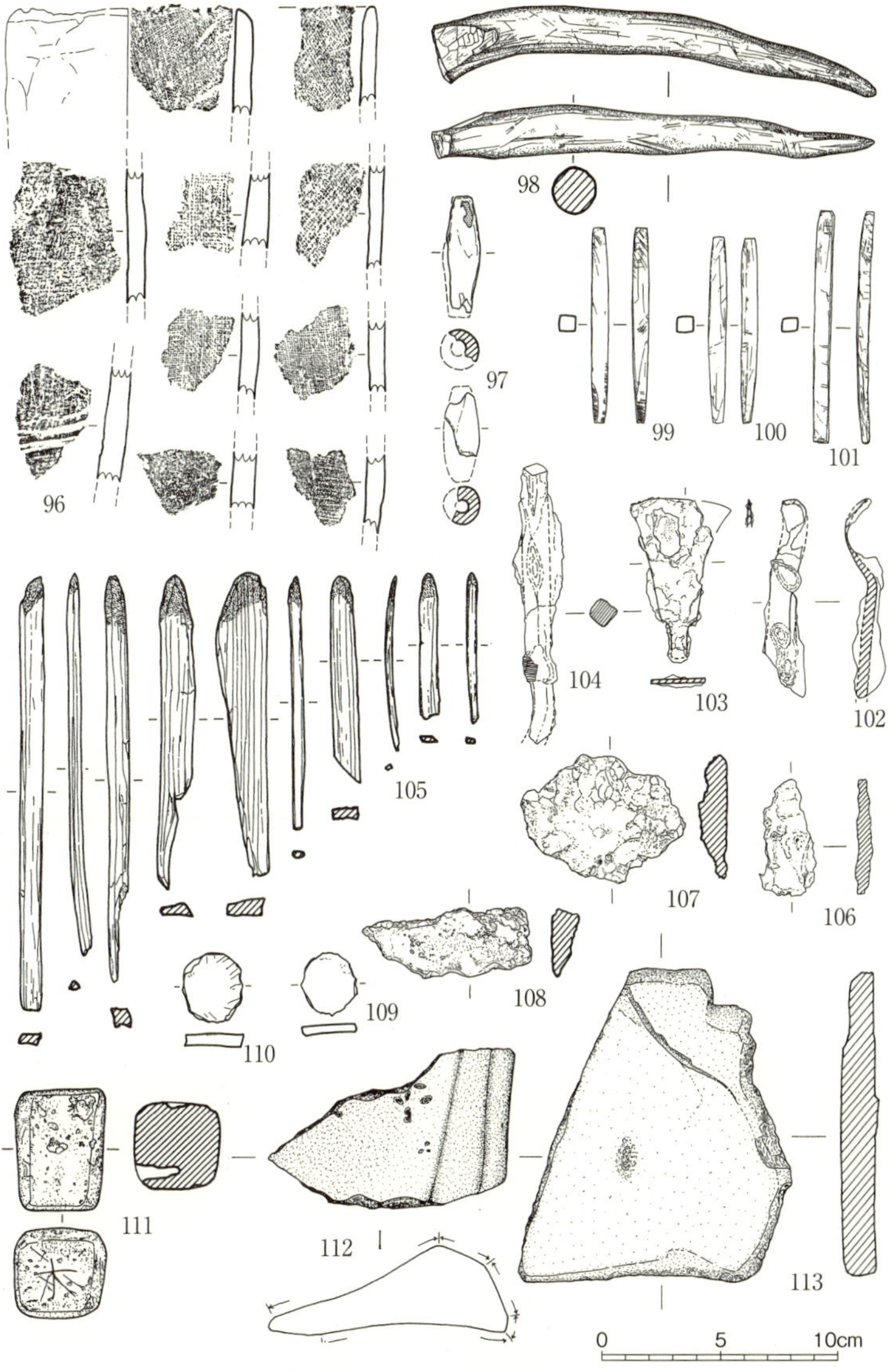
96
97
98
99
100
101
102
103
104
105
106
107
108
109
110
111
112
113
0
5
10cm

図55　出土遺物実測図

(六) 石製品

砥石が数カ所から出土していて、砂石製（112）や安山岩製（113）がある。そのほか、111は軽石製で、一辺三・六センチ長さ五センチの長方形を呈し、片面に「大」の線刻がある。役人のもち物と推定されるが、用途不明である。皮のなめし等に使用されたものか。

(七) 鉄製品

104は釘、103は斧前式鉄族で長さは六・八センチ。大切ⅣC区2Tからの出土で十世紀に該当し、藤原純友の乱に関連するかもしれない。

102は、現存長八・四センチを測り、X線調査の結果ロクロ槍鉋と判明した。大切ⅢD区2T③の住居跡から出土したもので、木工所の存在が示唆できる。

(八) 木製品

木製品は図56のように、祭祀用具の刀子形（1）鳥形（2）馬形（3）の製品、服飾具の留針（4・5）、糸巻（6）、食事具の匙（9・10）、しゃもじ（11・12）、挽物の皿（13）、曲物の蓋（14）などがあり、大型しゃもじは大釜での炊事が推察できる。工具には槌（15）、杵（16）、風呂鍬（17）、手斧柄（19）などがあり、掴手様の工具（18）は焼け焦げているので、製錬用かもしれない。粘土用のヘラとして20〜23がある。23は撥型の大型品であり、竪型製錬炉の構築における、粘土叩き締め成形用とも考えられる。7は刀子状の一辺に七ミリ幅の刻み目があるが用途不明である。8も用途は不明で、両端に紐を通す孔が穿たれているので、対をなす製品が想定できる。以上の外、用途不明の部材が数多く出土しており、今後の究明課題となっている。

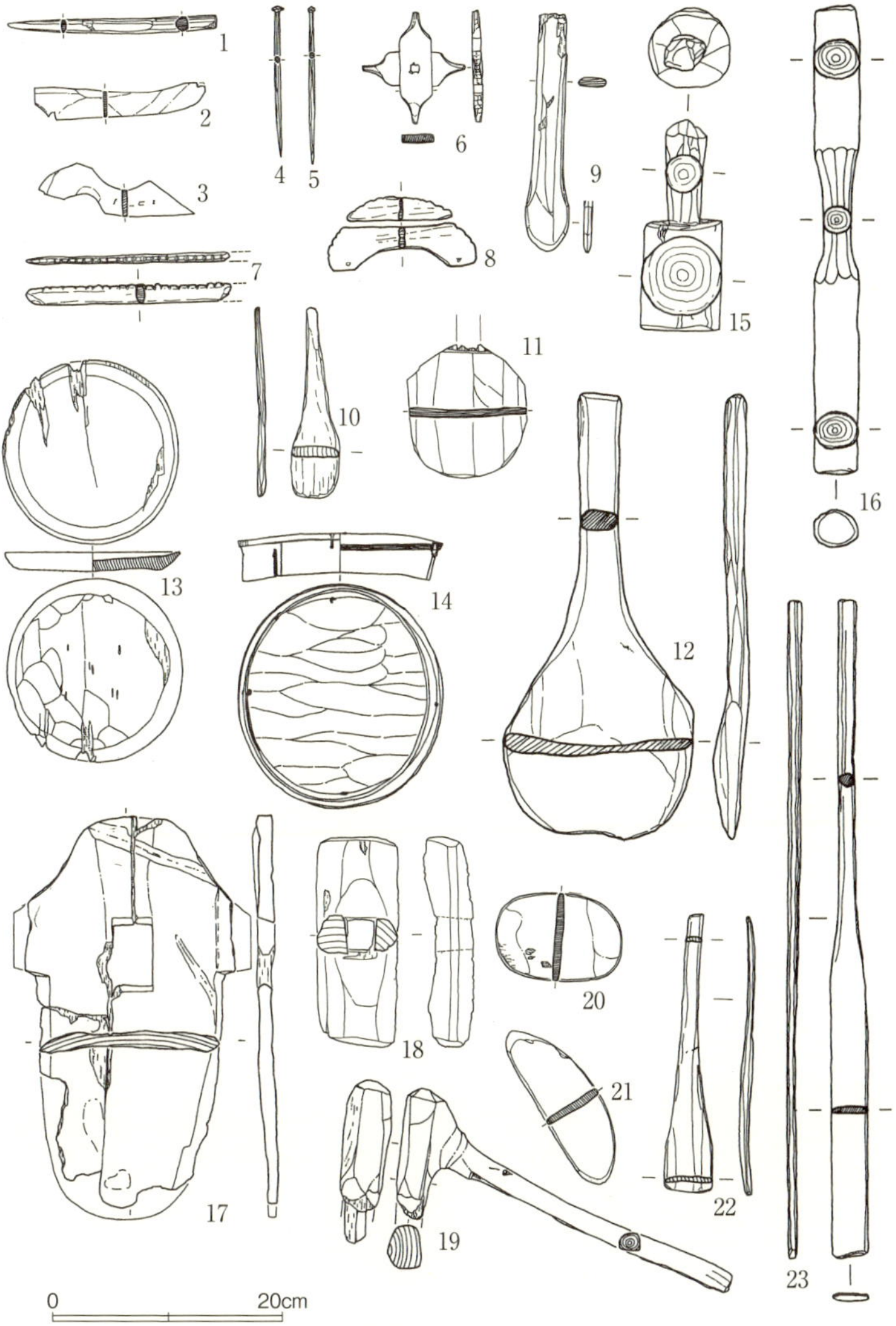

図56　出土木製品実測図

図55の105は割り箸状の木片で、松明の燃えさしと考えられる。長さ六㌢から一八㌢とまちまちで、先端が焼き焦げている。大切製錬遺跡全体から出土しており、夜間の作業や採掘坑内の燈明として用いられたものであろう。松材はなく、煙害の少ない杉・ヒノキ材である。

このほか、木製の大型目籠や、チョウナ・ヤリガンナの削り屑が大量に出土している。大溝にまとめて廃棄されたものであるが、長年の間に銅カラミから染み出した銅イオンが含浸されて、殺菌防腐効果が絶大で、腐食のない遺物となっている。

（九）その他・動植物遺体

97は土錘二個体である。長登銅山内に大河はないが、東一・五㌔に大田川があり、そこでの魚とりであろう。その他、草鞋や竹製品の目籠が出土しており、当時の生活を彷彿とさせる。目籠は鉱石の運搬容器と考えられる。また、からみをコイン状に加工した駒（109・110）が多く出土しているが、用途や遺構との関連が今一不明で、中世期以降の遺物と見るのが妥当であろう。遊戯の駒であろうか。

骨製品として、99〜101の算木がある。長さ八㌢前後の割箸状を呈し、六㍉角に丁重に加工している。役人が算術に使用したもの。98も鹿の角を加工したもので、検査用のシノギかクサビであろうか。ほかに、鹿・猪・鳥骨があり食料に供されたと考えられる。なお、馬頭骨一個のみが谷溝から出土しているが、これは土俗的な祭祀（祈晴祭か）に使用されたものと考えている。

動植物遺体として、瓢箪・桃核・栗イガ・アワビ・カワニナなどが出土している。

Ⅶ　木簡が語る長登の銅生産

長登銅山跡から出土した木簡は、古代の生産体制究明に画期的な成果をもたらした。現在までに八二九点が確認され、その出土地点は広範に及ぶが、大切ⅢC区2T・4T・5Tから比較的まとまって出土している。遺跡にはまだまだ多くの木簡が埋蔵されているので、将来的な調査と解明が期待されるところである。

1　長登採銅所

長登銅山は、平安時代に長門国採銅所とよばれる官司であると考えているが、奈良時代の名称は不明である。しかし、当該遺跡が官衙であることを示すためにも、ふさわしい名称を与えておく必要があると思う。

発掘調査は、広大な製錬遺跡を対象としていたことから、この場所を仮称ではあったが長登製銅所とよんだことがある。しかし、採鉱場と製錬場を分けて考えるか否かが問題であり、鉱山は大正時代まで採掘現場の山元で製錬されるのが一般的で、採鉱と製錬は一体的なものであることを鑑みれば、両所を一括して扱うのが穏当であろう。畑

史料1　主要長登銅山跡出土木簡釈文（『美東町史資料編』より）

①八九号・「<大殿七十二斤枚一」
・「<日下マ色夫七月功 上□」

②九三号・「逃(十二)(十二)十、(十二)四、四、六、六、十、(十二)冊 七十八人」
・「大友三百五十五斤」

③一二一号・「<𦆅吉里庸米六斗 戸膳大伴マ豊嶋三斗 〔相カ〕□戸小村三斗」
・「<神亀三年九月廿九日」

④一四〇号・「舂米連宮弖夕上米二斗一升　十五日」

⑤一八四号・「<家原殿廾四斤枚一」
・「<額田部龍万呂四月功 上□」

⑥二〇一号・「<節度使判官犬甘卌斤枚一」
・「<額田部□□□四月功」

⑦三三八号「　　凡海部豊□〔徳カ〕　黒毛草馬口額田マ
銅駄事　大神マ□麻呂　赤毛草馬口額田マ＝
　　矢田部□麻呂　鹿毛草馬口額田マ
＝（省略）」
・「右人員十駄十部領酒人連大麻呂　＝
＝天平二年壬月廿二日」

⑧三四一号・「○掾殿銅大斤七百廿三斤枚卅一　小斤二千＝
＝四百廿四斤枚八十四　朝庭不申銅＝
＝天平二年六月廿二日」
・「　「日置若手　「語積手
借子　日置比□　弓削マ小人
○大津郡　下神マ乎自止「語マ豊田　＝
「日置百足　「三隅凡海マ末呂
日置小廣　凡海マ恵得
＝（略）」

⑨三八五号・「<二□〔俣カ〕郷銭司料□×

⑩三九四号・御古山進上舂米米七□
・天平三□〔年カ〕六月

⑪四二二号・「<豊前門司廿九斤枚一 □□」
・「<宇佐恵勝里万呂九月功 上□」

⑫四六九号・「<太政大殿□□首大万呂 五十三斤枚二 上□」

⑬六二一号・戀我鴨天地□ 人□□」
・×□□□□□□□」

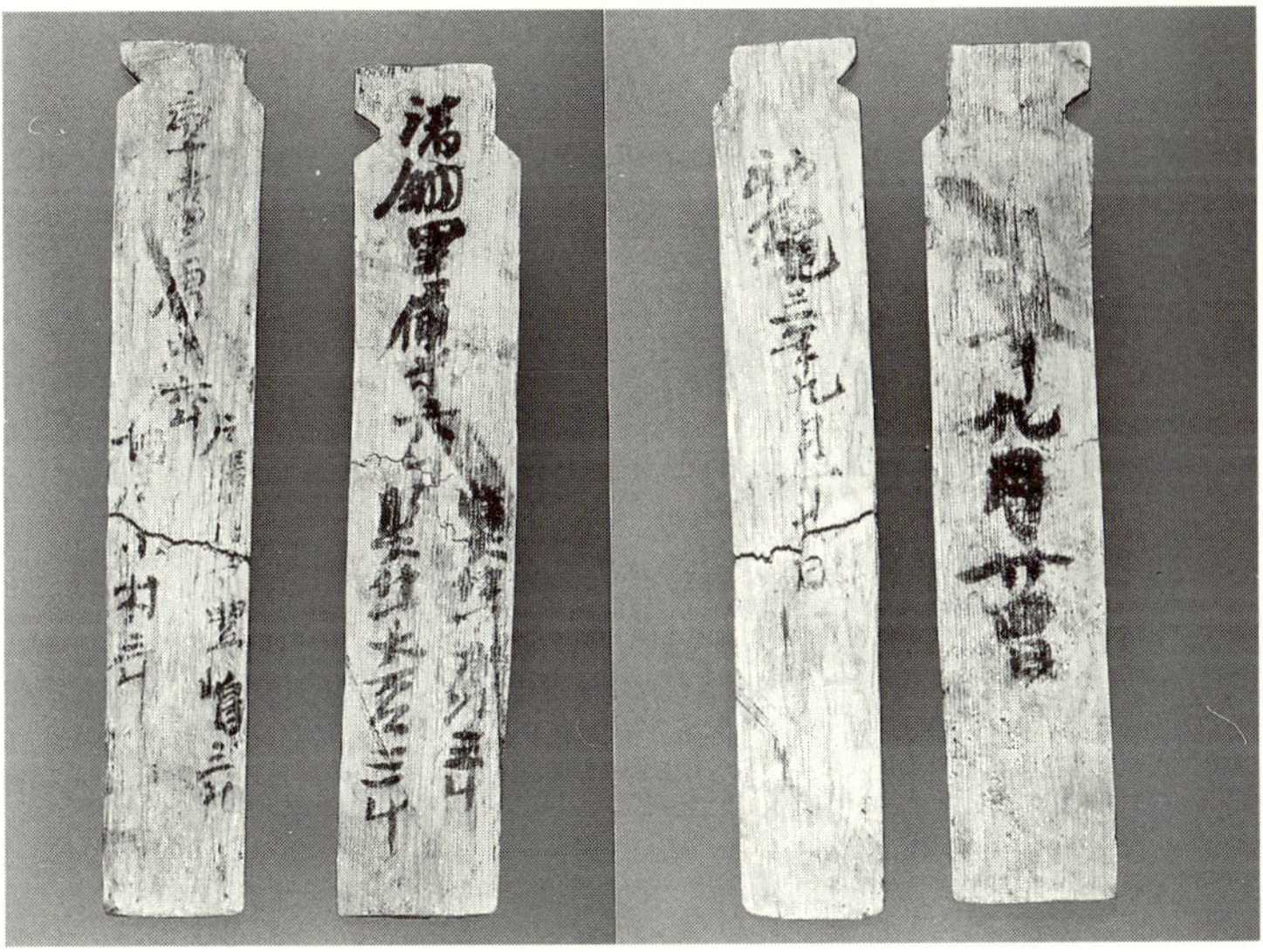

図57　貢進物木簡（121号・117号、左が表、右が裏面）

中彩子も仮称しているように、奈良時代の長登銅山をあえて「長登採銅所」と呼称したい。

木簡三五〇号に「進上米一石　雪山　送人神部石□」、三九七号「雪山政所」、五三七号「苻雪邑山長□」などの記述があり、役所を雪山（イキヤマ）もしくは雪邑山とよんでいたことが判明した。「イキ」の関係から八木充は「雪伕（伎）里」（ススキ）との関連を考察し、雪伎採銅所としているが、この地名は、長登銅山跡や周辺地域には確認できない。

別に三九四号（史料1－⑩）に「御古山進上……」がある。古山は長登銅山跡内に小字名があるものの、この地名の時代背景は近世の様相が濃い。これらの地名に山を付すことから、採掘現場の部署名であることも考えられるが、長登採銅所内に複数の役所建物が点在していたことが推定できよう。

木簡三三八号（同⑦）の酒人連大麻呂は、駄馬での製銅輸送に付き添った部領舎人。残業手当の支給を受けた舂米連（一四〇号、同④）姓は、筑前国に居住例があり、梵鐘の鋳物師でもある。

ちなみに木簡六二一号は（同⑬）、東野治之により「恋うる我かも」という恋歌の末尾であるとされたが、長登銅山の辺境山間の地に、万葉の歌が詠まれたと考えると楽しい。

長登採銅所に搬入された物資は、前述した木炭や食料の庸米・舂米・塩などがある。

最も多いのが庸米の貢進物木簡で、史料1－③（図57）をみると、成人男子（正丁）が庸の税金として米三斗を納付し、美祢郡衙から直接長登採銅所に納入されている。納税者は、美祢郡渚鋤里の膳大伴部大万呂、櫟吉（ススキ）里の戸膳大伴部豊嶋、佐美郷の日下部や神部嶋足、厚佐郡久喜郷の凡海部などである。官衙に徴発された仕丁や雇役丁の食料となった。

舂米は、美祢郡の美祢郷・岑郷から納入されて、官人や匠丁の月料などに充てられた。塩は、響灘沿岸から搬入されたことが六連式製塩土器の焼塩壺で判明しているが、木簡二五号には、周防国大嶋郡屋代郷から調塩として貢進された塩もあり、官人たちに支給されたと考えられている。

長登採銅所は、銅鉱石を採掘し、これを製錬して金属銅のインゴット（製銅）を製造し、長門国司をはじめ全国各地の豪族・官司へ送付した。

2　採掘の様相

採掘現場での具体的な様子はどうであったろうか。平安時代中頃に著された『對馬国貢銀記』には、蜀（ハギの松明）をもつ者、鏨で採掘する者、運搬する者の三人一組で入坑した例がある。

長登採銅所では未だ推定する資料に欠けるが、木簡には三六五号「穴作三」・五五三号「語部足奈穴師等」・六一一号「穴十五人」などとあって、坑内での労働を示すものとみられる。穴師は、仁和元年（八八五）長門国から豊前国採銅使に派遣された技術指導者の掘穴手・破銅手に通じるものがあり、技術工人は師・手とよばれた。

さて、鉱山での労働は、江戸時代以降一人一日平均およそ三六貫目の採掘で、交代制であったことが各地の鉱山史料等から知られ、昭和期にいたっても一人前の採掘量はおよそ三〇キロといわれる。

古代においてもおよその規定があり、交代制であったものと推定される。それでも薄暗い坑道のなかでの労働は、苦痛と不安に苛まれた過酷なものと考えられ、長登でも木簡九三号（同②）に見るように八八人の逃亡者記録があり、これは採掘現場からと推察される。

また、逃亡者数がすべて偶数であることから、この逃亡者は各郷里から二人一組（正丁・廝丁）で差発された仕丁であろうとする説がある。

3　製錬の実態と技術者

製錬の現場は、基本的には、その技量の必要性から、専門の技術者が中心とならざるをえないと考えられ、匠丁の配下に動員された役夫や仕丁・雑徭が配置されたと推察される。

製錬工人（匠丁）の実態は、製銅（銅インゴット）付札木簡から類推できる。製銅付札木簡（図58）は、五九点が出土していて、宛先・製錬出来高斤数・枚数・工人名・仕業月などが明記され、製錬の様相が具体的である。

製銅付札木簡が長登銅山跡から出土する理由

図58　製銅付札木簡（391号・372号）

は、出荷時に荷造り再編で整理され、供給先ごとに新たな伝票帳簿等が作成添付され、それまでの個票は廃棄されたと考えられる。豊前門司宛や家原殿宛の木簡数点が、ほぼまとまった状態で出土したので、集計整理された後に一括廃棄された個票であることがわかる。

これらの付札個票をまとめた集計帳簿と考えられるのが大型木簡三四一号（同⑧、図59）と考えられ、掾殿宛の斤数がまとめてあり、銅大斤七二三斤、小斤二四二四斤の八四枚を送る記録で、大斤表示に換算すると一五三一斤で約一㌧となる。裏面には大津郡日置部など二〇名の工人名が列記されていて、作業に携わった匠丁であろう。壁に掛けるように孔があり、ある期間掲示されていたと推考できる。

製銅付札木簡は畑中彩子により、①製錬工人が長登採銅所に提出した製銅に付けられた一次的なもの、②「〇月功」と追記があるもの（同①）は、工人の出来高を評価した部内の基本的な台帳、さらに、③各製銅出来高を集計した帳簿木簡等に分類されて、銅生産の労働・管理システムが考究されている。なお、製銅付札にみる〇月功

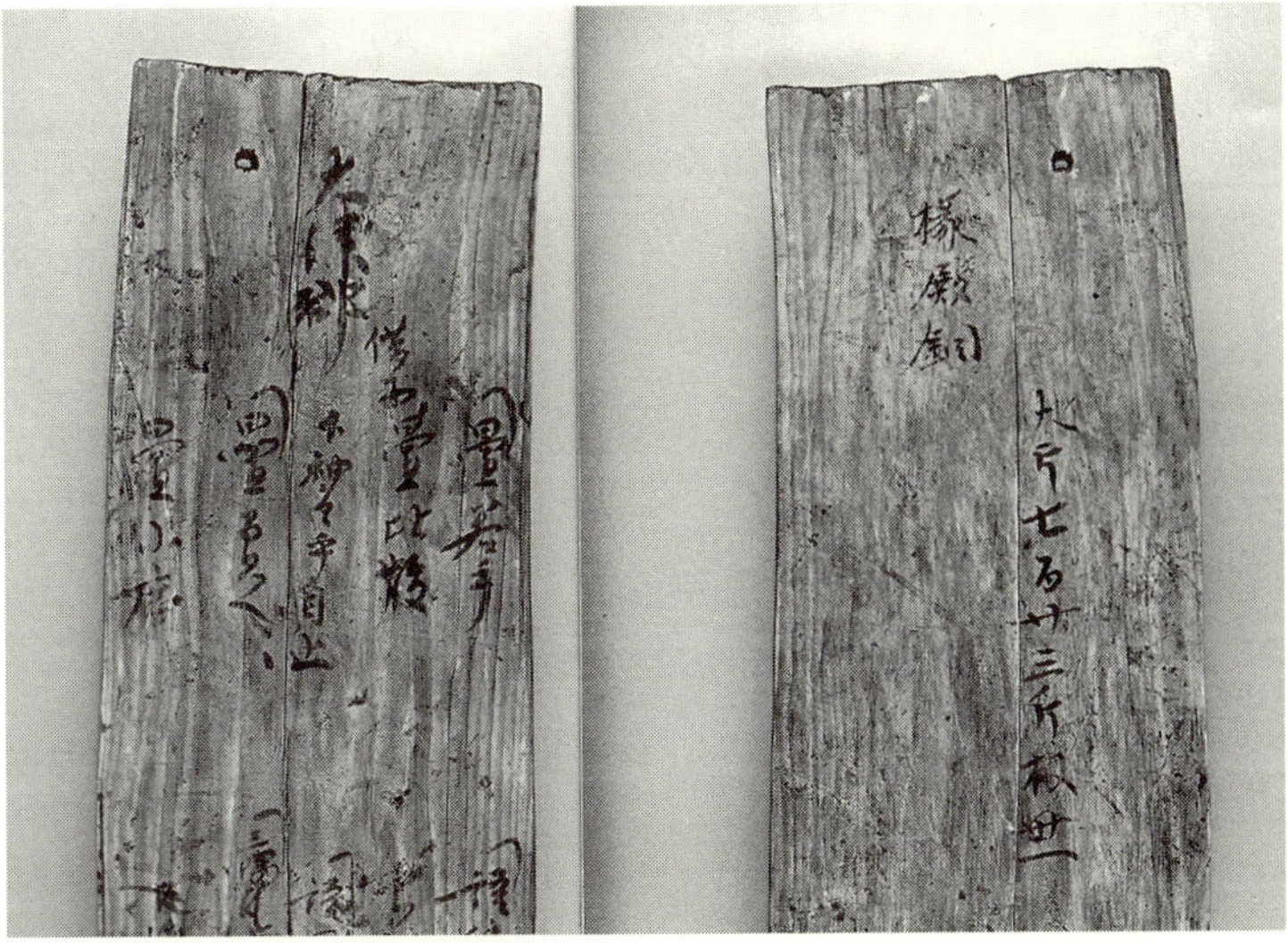

図59　大型木簡（341号）の上部

の表記は、一カ月単位の出来高と想定される。仕業月は二月から一二月までの記載があり、今のところ一月・八月・十一月が見当たらないが、官営銅山であるから、年間を通じて恒常的に作業が行われていたであろう。

木簡一四〇号（同④）は、舂米連に午後の残業手当一五日分を、米二斗一升で支払った伝票である。単純計算で一日分一升四合の賃金は、当時の七文に相当し、雇役賃金一〇文の七割となり、かなり長時間の残業は、昼夜を徹して操業した製錬の作業であろう。ただし、十五日も連続して操業が行われたわけではなく、ほかの出来高斤数から推察するに、一回の操業は三昼夜前後と想定できるので、十五日分は一月分の集計であろう。

木簡三五三号「五日銅吹五人」とあるのは、一つの作業単位を示すものかどうか不明であるが、鞴踏みも製錬工程の重要な役夫であることを考慮すれば、一つの製錬炉に一〇人程度は必要であったと思考され、五人という数は、製錬部署に派遣した人数であろうか。

技術者工人グループには、野身連・大神直《おおみわのあたえ》・額田部《ぬかたべ》・日下部《くさかべ》・矢田部・大田部・日置部《へきべ》・凡海部《おしのあまべ》・三隅凡海部・下神部《しもみわべ》・神部《かんべ》・大伴部・膳大伴部《かしわでのおおともべ》・安曇部《あずみべ》・車持部《くらもちべ》・杖部《はせつかいべ》・靭部《ゆきべ》・語部《かたりべ》・弓削部《ゆげべ》・秦部《はたべ》・宇佐恵勝《うさえのすぐり》などが見え、秦部や宇佐恵勝は渡来系氏族と考えられる。木簡八五号には「安曇石田功外」とあるので、複数の工人が作業に携わっていたことも推考できる。

表1　長登銅山跡出土木簡に見る製銅斤数一覧表

枚数	斤　数
製銅1枚の数値	105・92・85・80・75・75・72・57・52・52・40・40・40・37・37・36・35・35・35・33・30・30・30・29・29・24・24・21・20・17斤、（平均：45.6斤＝30kg）
2枚の数値	115・93・70・66・55・53・52・38・35・22斤、（1枚平均30斤＝20kg）
3枚の数値	180・107・85・75斤（1枚平均約37.3斤＝25kg）
4枚の数値	605斤8両・108・108斤（1枚平均68.4斤＝46kg）
5枚	120・104斤（1枚平均22.4斤＝15kg）
6枚	111斤8両（1枚平均18.6斤＝12.5kg）
11枚	510斤（1枚平均46.4斤＝31kg）

（1斤を671gに換算）

製錬された製銅は、単位を枚としているので板状の円形であろうが、一枚あたりの出来高斤数はまちまちであり、それらを列挙すると表1のとおりとなる。

単純にこれらの平均値を求めると一枚あたり約三八斤となり、一斤を六七一グラムに換算すると二六キロ前後の重さとなる。しかし、個体にはばらつきがあって規定の容量は見出しがたく、それぞれの製錬工人グループがおのおのの裁量で製錬を行っていたと推測するのが妥当であろう。

また、製銅付札の個票には、先に記した一連の表記の末尾に「上□」「下□」などの添え書きがあり、□部分が判読困難で意味不明であったが、

史料2　正倉院文書

造東大寺司牒　長門國司
　錢拾漆貫肆伯捌文
　　十三貫六百文挾抄四人水手十六人并廿人往還功
　　　挾抄人別一貫
　　　水手人別六百文　　（異筆）「一斤四兩太」
　　三貫八百八文往廿箇日食料
　　　三貫六百卌文米七石二斗八升直升別五文
　　　五十八文塩八升七合直以二文充三合
　　　百十文海藻五十五斤直斤別二文
　　　　右、挾抄水手功食、并部領舍人食料如件、
　銅貳萬陸仟肆伯漆拾肆斤
　　一万〈九百十五斤八兩欠六百五十一斤八兩　枚百六十二二　破一
　　　七千六百卌八斤熟銅枚〈百八十八□
　　　二千六百廿六斤末（未）能熟銅枚七十四破一
　　　　已上中、從國解斤數所、欠六百五十一斤八兩
　　　右、有末（未）熟銅數、自今以後、能熟上品銅可進、
　　一万六千二百十斤生銅枚一千四百十破卅三
　　　上品〈千三百廿三斤　中品二千二百五十八斤
　　　下品一万二千六百廿九斤已上斤數如員〃勘
　右熟銅、從國解文所欠、問其由、君長等申云、常權官不懸他權懸、緣此未明、

㊟〈○の数字は、集計上、記入が欠落していると考えられる数値。

八木充はこれを「工」と解読して、工人技術者の熟練度に上下があったと解釈する。「工」と読めれば匠丁を指すものかもしれない。

正倉院に残る「丹裹文書」のなかで、造東大寺司から長門国司に宛てた銅受領書案の下書が、反古紙として丹の包み紙に再利用されていて、古くから注目されてきた。内容は、長門から送られてきた製銅二万六四七四斤の品質の悪さを問いただしたものであり、その量の多さから大仏鋳造用の原料と考えられている。

史料2の丹裹文書では、製銅の種別を熟銅・未熟銅・生銅と区別し、さらに生銅を上品・中品・下品に分別している。それぞれ、よく製錬された熟銅、未だ不純物の多い未熟銅、そして熔解が不完全で未だ鉄の分離が完全でない銅鉄合金の生銅と理解でき、鉄の含有比率によって上中下が定められたと想定できるが、未だこれらの品質は明解

ではない。古代において、製銅の品質を見分ける技量を備えていた匠の世界に驚かされるが、この品質差は、工人の技術差、もしくは採掘鉱石の差、あるいは製錬過程での工程差などが考えられるが、気象条件なども大きく左右したであろう。

4　製銅の宛先

製銅付札に記載された宛先から、銅の供給先が知られる。長門国司の三等官・四等官である「掾《じょう》」「少目《しょうさかん》」をはじめ、二□［俣ヵ］郷銭司料・太政大殿・大殿・節度使判官犬甘・左官膳大伴□・□官乙□・官布直・□笠殿などがあり、公機関のほかにも広く官人・豪族に供給されていた。最も多く出土したのは、豊前門司一四点、家原殿六点であるが、まだまだ多くの木簡が眠っている。

四六九号（史料1－⑫）の太政大殿は、右大臣藤原不比等が死後に賜った称号「太政大臣」を示すとされる。藤原不比等家の資産の多くは光明皇后が管理したと考えられて、長登採銅所の製銅が光明皇后のもとに送られたと解釈されている。光明皇后が大仏造立に関して多大な貢献をしたことは、東大寺大仏殿西回廊西隣出土の木簡に明白である。それは、皇后宮から一万一二二二斤の上吹銅の寄付、病院「施薬院」や孤児院「非田院」の運営など、大仏造営事業にかかる光明皇后の功績が明らかである。天平初年頃の製銅地金の流通は、大仏造立の詔を発布する一〇数年前に、すでに光明皇后の基に多くの製銅が備蓄されていたという見方ができ、五〇〇トンというとてつもない大仏鋳造が企画できたのであろう。

四二二号（同⑪）などの豊前門司は、関門海峡を通過する船の通行証を検閲した機関で、七九六

（延暦十五）年の初見史料を約六〇年もさかのぼる地名実証となった。豊前国は、豊前国風土記逸文にも見えるように、古くから香春岳を中心に銅を産出した産銅国とみられるが、この時期には銅資源が枯渇していたのであろうか、門司を通じて大宰府にも配給されたことが推察されている。

一八四号（同⑤）などの家原殿は、七一二（和銅五）年九月に見える左大臣多治比真人嶋の妻「家原音那」の家系とみられる。音那は、夫の死後墳墓を守り貞節を守った賢女として邑五十戸を賜り、連性を賜っている。また、和銅六年六月に連姓を賜った従七位上家原河内や正八位上家原大直なども同族とみられる。河内国大県郡の現柏原市には、聖武天皇が行啓して盧舎那仏を拝したとされる知識寺があり、隣接する家原寺との関連も注目される。

また、多治比（丹比）一族は、河内国丹比郡を本拠地とし、堺市美原区には奈良時代の鋳造遺跡として著名な太井遺跡があって、多治比真人三宅麻呂が七〇八（和銅元）年に催鋳銭司に任命されるなど、鋳造技術との関連の深い氏族である。長登銅山の銅は、河内南部の大県郡から丹比郡一帯に居住していた河内鋳物師の先祖に供給されていたのだろう。

二〇一号（同⑥）の「節度使判官犬甘」は、七三二（天平四）年八月十七日に設置された山陰道節度使多治比真人縣守の判官とみられ、判官四人のうち一人は巨會倍朝臣津嶋が『続日本紀』に記載されるが、後の三人の姓氏は記載がない。山陰道節度使は、石見国に駐在し、因幡・伯耆・出雲・石見・安芸・周防・長門国を管轄していた。

三八五号（同⑨）の「□□〔俣ヵ〕郷銭司料」は、天平初年頃の時期として長門鋳銭司に関連すると想定されている。しかし、鋳銭用の料銅を負担したものか否か、「料」以下が欠落しているので、物そのものが何なのかは不明である。

三四一号（同⑧）の「掾殿銅」は、前述したように長門国司三等官の掾宛に約一トンの製銅を送付した内容であるが、用途は官営の性格から鋳銭用と推定できる。しかし、末尾に「朝庭不申銅」とあることから、個人配分や私的な賄賂とする考えがある。また、朝庭に対して経費を申請しない銅という意味ではないかとする意見もある。

いずれにせよ、律令国家が独占した官営銅山は国家的需要と官人の個別需要が複合しており、公的利用のほかに個人配分が行われていた。

5　製銅の輸送

この大型木簡三四一号の日付は、天平二（七三二）年六月二十二日である。この木簡と折重なって出土したのが三三八号（史料1－⑦）で、「銅駄事」として駄馬一〇頭の種類ともち主あるいは引率者の名、馬丁一〇人の氏名、引率の部領名を記して、天平二年閏二十二日の記載がある。これらは重なって出土したことから同時に廃棄されたものと解釈でき、約一トンの製銅を駄馬一〇頭で輸送したのではないかと考えられる。天平二年の閏月は六月の次が閏月であるから、集計整理された一カ月後に出荷されたか、あるいは、日付が同じなので前者が「閏」を書き誤った可能性もある。

いずれにせよ、駄馬の荷重量は、大斤小斤を合計して大斤換算一五三一斤となり、一駄一五三斤（一〇三キロ）前後となる。十世紀の『延喜式』では一駄を百斤（六七キロ）に規程しているので、いささか重いきらいもあるが、江戸時代の一駄は三六貫（一三五キロ）であるので、ほぼ妥当な荷駄ではないかと解釈される。

図60　製銅の輸送ルート

これは長門国司宛であるので、西方の美祢郡衙（現・美祢市大嶺町付近）を経由し、後は長門小路から山陽道を通り長門国府（長府）へ陸送したと推定される。長門国から造東大寺司への輸送ルートについては、先の「丹裏文書」（史料2）の前半に輸送関係の記載があり、船で二〇日航行して奈良の都に運んだことが知れる。製銅約一八トンの輸送には、挾抄《きょうしょう》（舵取り）四人、水手《かこ》一六人とあり、別に舎人二人が居て、船二艘仕立てで輸送したと推測されているが、『延喜式』の輸送規程などから、挾抄が四人であるので、船四艘の船団も考究されている。瀬戸内海から淀川をさかのぼり、木津川から奈良坂を越えて運送されたものであろう（図60）。

長登採銅所から瀬戸内への最短距離は、山口市小郡町柳井田から仁保津周辺が至便といえる。後の八二五（天長二）年に周防鋳銭司が周防国吉敷郡に開設され、また、八世紀後半には椹野川河口に東大寺荘園が成立することを考えると、銅原料入手の至便さや造東大寺司との関係などが、山口市小郡に積出港を想定する有力な傍証となる。

近年、山口市小郡上郷の仁保津から出土していた滑石製の石板が公にされ、銘文に「錺磨郡因達郷秦益人石　此石者人□□□石在」と刻書され、播磨国の秦氏がきたことを物語る。石板の用途は砥石と報道発表されたが、滑石製の砥石は類例に乏しく、量りの分銅か、あるいは長さ二三センチで少し大きいきらいもあるが、いわゆる温石《おんじゃく》ではないかと考えられる。いずれにせよ、播磨国との交流を物語る貴重な資料で、播磨国人が製銅輸送等にかかわった可能性も考えられよう。

ちなみに、対岸の熊野神社には東大寺鐘楼の撞木を寄進したという伝説があり、古代には上郷あたりまで海岸線が入り込んでいて、港の候補地としては有力である。今後付近での港遺構の発見が期待される。

なお、後述するが、淀川をさかのぼって木津川・宇治川・桂川の合流点となる京都府大山崎町に、行基が建立した山崎院跡がある。往時は淀川に架橋された山崎橋の管理に当たったとされるが、淀川をさかのぼる船便の物流中継港もかねていたと推考される。この山崎院跡から出土した製銅インゴット六枚は、共伴する遺物から八世紀末～九世紀初頭の年代が与えられるが、前代から保管されていた可能性も否定できなくはない。

Ⅷ　古代の銅生産

1　飛鳥時代の銅工房

七世紀の銅生産遺跡を探ると、それは山口県の旧長門国美祢郡に集中する。まず、秋吉台の西北に所在する美祢市秋芳町国秀遺跡では、七世紀中頃の統一新羅土器とともに炉工房跡が検出されていて、羽口片や銅鉱石（孔雀石）が出土している。八世紀には集落の痕跡が消滅することから、「集落ぐるみで長登銅山へ移住した」と考察された。これは少々過大な見解といえるが、技術者工人たちが長登採銅所官衙へ登用された可能性は否定できない。とくに、渡来系技術者と銅製錬技術の結びつきを考定する上でこの統一新羅土器は重要な資料である（図61）。

また、秋芳町中村遺跡では、七世紀後半の住居址の一角から孔雀石の小片や銅鉄合金片が出土し、還元製錬が未成熟な段階の産物と理解される。秋芳町嘉万の鳴滝遺跡からは、七世紀の須恵器とともに口径六㌢前後の石製の小型坩堝が採集されており、やはり金属工房遺跡と考えられる。これらの遺跡は秋吉台の西麓に所在し、旧郷名が

図61　国秀遺跡出土の統一新羅系土器

賀万郷の領域であることから、カマ＝窯が語源となった可能性が指摘できる。

美祢市美東町大田の近光遺跡では、ほ場整備工事中に一〇センチ以上の孔雀石の鉱石塊が須恵器とともに多数出土しており、七世紀後半から末にかけて銅製錬工房の存在が推定できる。長登銅山跡から南三キロにある（図62）。

奈良県明日香村の飛鳥池遺跡は、七世紀後半から七世紀末の金属・ガラス・漆・瓦等の大規模な工房跡である。Y字状の谷が雛壇状に整地されてさまざまな工房が設けられていたが、その立地と造成は長登銅山跡によく似ている。

西の谷からは、銅・鉄・金銀・ガラス工房のテラスが検出され、出土遺物から金工・ガラス・漆工芸等の技術が注目された。また、一九九七年から調査された東の谷では、多数の富本銭や鋳型がたびたび出土して大きな話題となった。東の谷には、テラス下層に鋳銭などの銅工房、中・上層に鉄工房が検出され、一三三基の鋳造炉跡も確認されている。谷筋には陸橋で堰き止められた水溜遺構数カ所があり、木簡や製品注文の見本である「様」、富本銭の銭范・銭棹などが出土している。

図62 長門国の銅生産関係遺跡

とくに注目されるのは、渡来系の文物や技術が確認されていることである。

巽淳一郎による二〇〇八年の論文「飛鳥池工房遺跡にみえる古代国家前期の官営工房の構造と実体」によれば、六六〇年百済の滅亡、六六八年高句麗滅亡により、文物の国産化を余儀なくされるなか、飛鳥池工房は、新来の渡来系工人を組み入れた複数の官司工房の集合体という新たな生産体制のなかで、律令国家成立に向けて、都城の建設、寺院の造営等にかかわる建築用部材の生産を担った。そして、東アジア世界で、新羅に比肩する地位の確保を目指したプロジェクトの国営総合工房であったとしている。

次に、やはり美祢市於福町の上ノ山遺跡からも、八世紀前半に比定できる孔雀石や焼土面が検出され、銅製錬工房跡の存在が推定されている。この近くには於福銅山跡が所在し、於福の地名由来が「意福部」に由来するとの説もあり、意福部が製錬技術に携わった氏族名であることから、古くからの銅生産の可能性がある。

なお、秋吉台から東北に約三〇キロの地点にある萩市福栄村坂部遺跡では、八世紀後半の遺物とともに銅鉱石と炉跡、性格不明の柵列柱穴等が検出されている。原料銅鉱石は、阿武郡蔵目喜銅山産と推定でき、大同年間開発伝承をもつ鉱山跡であることから、今後の探索が期待される。

以上、全国的にみても長門国美祢郡に銅関連遺跡が集中している。渡来系技術と結びついた地方豪族の私的な銅生産が垣間見られ、長登銅山の開発がいち早く行われたことを傍証するものであろう。

2　律令国家の銅生産

（一）古文書に見る産銅地

古代における銅生産の記録を探るに、『続日本紀』文武天皇二（六九八）年三月の「因幡国献同鑛」が初見である。その後、九月には「周防国献銅鑛」「近江国献金青……安芸長門二国金青緑青」が見え、七月伊予国白鑞、六月近江国白礬、伊勢国白鑞、朱砂（水銀）は日向・伊予・備前・常陸国、十二月対馬国金、文武四年丹波国錫等の記録が散見される。

ちなみに、銀については、『日本書紀』天武天皇三（六七四）年対馬国下県郡、持統天皇五（六九一）年白銀伊予国宇和郡の記録が先行する。

六七二年に大海人皇子が壬申の乱で勝利し、翌年天武天皇として飛鳥浄御原宮で即位するや、新たな律令国家建設が胎動する。持統天皇が藤原京遷都（六九四年）を果たし、天武天皇が大宝律令（七〇一年）を完成させるなど、新しい国造りを進行する最中、国内各地でも鉱石の発見に努力が払われた結果であろう。『大宝律令』にも、「国内に銅鉄出せる所、官未だ採らざるは百姓私に採らせよ」とあり、大宝三（七〇三）年には近江国の鉄穴（鉄鉱石）を志紀親王に下賜している。

慶雲五（七〇八）年正月武蔵国秩父郡から和銅が発見され、諸国の国司・郡司を一階級昇進という慶事が行われた。和銅とは自然銅であろうという説が一般的で、律令国家の体制づくり最中の慶賀として、年号も和銅に改元された。

天平二（七三〇）年三月、周防国熊毛郡牛嶋西汀と吉敷郡達理山で銅鉱石を産出し、長門鋳銭に充てた。長門鋳銭司の候補地とされる下関市長府覚苑寺近傍から、二〇一〇年に木簡が出土し、銘に「天平二年五月四日主典□部車万呂」とあり、長門鋳銭司の存在を決定づけたが、天平二年六月には、長登採銅所から多量の製銅を長門国掾宛に送付している。

(二) 鋳銭司の始め

鋳銭司の初見は、天武十二（六八三）年四月に「詔曰、自今以後、必用銅銭、莫用銀銭」とあってそれまでの銀銭に代えて銅銭通用を規定している。この銅銭については、飛鳥池遺跡の調査で大量出土した「冨本銭」がこれに該当し、銀銭は鍛造の無文銀銭であることが明らかとなった。

持統天皇八（六九四）年三月に鋳銭司が見え、文武天皇三（六九九）年十二月始めて鋳銭司を置くとあり、いずれも冨本銭の鋳銭であったことが発掘調査（飛鳥藤原第九三次、九八次調査）で証明された。ちなみに、これまでに発見された冨本銭は五六〇点あまりという。

では、この冨本銭の原料銅はどこかというと、未だ明確でないが、銭の化学分析結果からいうとアンチモンが多く含有され、伊予国の市ノ川鉱山等が近似している。長登銅山の鉱石もアンチモンを若干含むので可能性はあるが、長登銅山産の銅鉛使用が明確なのは、今のところ和同開珎からである。

和銅元（七〇八）年二月には催鋳銭司が置かれ、従五位上多治比真人三宅麻呂が長官となり、鋳銭は近江国が行った。和銅二年正月に銀の私鋳銭が禁止されたことから、私的な鋳銭が横行していたようで、八月には銀銭を廃して銅銭を通用銭とする。このとき初めて河内鋳銭司の名が見えるが、明けて三年正月には、大宰府や播磨国からも銅銭が献上された。

和銅三（七一〇）年九月には銀銭「和同開珎」の使用を禁じ、本格的な銅銭（本朝十二銭）鋳銭の時代に入り、この頃から銅は国家が独占するようになったと考えられる。

養老二（七一八）年の『養老律令』に贖銅法が規定され、死罪は銅二〇〇斤、流罪は銅一〇〇斤～一六〇斤で免れた。養老五年には銀銭一枚で銅銭二五枚、銀一両で銅銭一〇〇枚の両替規定があり、翌年には銀一両で銅銭二〇〇枚となっている。

天平に入り、長登銅山跡では、すでに一年あるいは半年で一トンあまりもの製銅を生産する機能があり、長登採銅所の官衙機構は熟していたと推定される。

（三）銅工房の遺跡

奈良時代における銅関連工房遺跡は、平城宮跡や大宰府跡で確認されている。

古いものとして、大宰府史跡の政庁から四〇〇メートル西方の丘陵上に、七世紀後半の炉跡状遺構と羽口・坩堝・銅滓が出土している。坩堝は口径約二三センチと約三五センチがあり、後者はコシキ炉による鋳造が考えられるが、銅滓の化学分析で銅精錬の可能性も指摘されている。

平城宮式部省東方官衙で、八世紀後半の火床炉が検出されている。官衙は神祇官の鋳銅工房と考えられており、溝で区画された四×一二メートルの長方形の作業面の西端にＳＸ１４７６１の炉跡がある。炉跡は径約五〇センチ深さ約二〇センチの土坑に厚さ一〇センチの円礫が据えられ、円礫の周囲を瓦片で囲み、粘質土を貼り付けて径三五センチ深さ一〇センチ強の円形火床を成すもので被熱痕がある。小池伸彦の二〇〇四年の報告書『古代の非鉄金属生産の考古学的研究』によれば、作業面には炉跡・焼穴などが配列され、鉱滓の化学分析では銅・錫・鉛が認められることから、鋳造作業の工程差にともなう炉と考察され、火床炉は銅の精錬に関係すると考えられている。

大宰府では、政庁回廊西南隅で環状に配置された「保土穴」群が検出されており、火床は径約三〇センチ深さ約一五センチの坩堝状で、上面に二カ所の羽口装着の抉りが確認されている。同回廊北東隅では、径三〇センチで内壁が赤色に被熱した火床炉が検出されて、木炭や銅滓が出土している。鋳造炉か精錬炉かは不明である。

以上、いずれも銅精錬か鋳造にかかわるもので、銅製錬ではない。

3　大仏鋳造前夜

慶雲四（七〇七）年文武天皇が二十五歳で崩御すると、男子の首皇子は未だ七歳にして、中継ぎとして祖母の阿閑皇女が元明天皇として即位し、霊亀元（七一五）年には叔母の元正天皇が中継ぎを行った。首皇子は、神亀元（七二四）年二月にようやく即位して聖武天皇となり、権勢を振るった藤原不比等の娘・光明子を妃に迎えた。平城宮の造営も進行するなか、天平元（七二九）年の長屋王の変を経て、光明子は皇后となり、藤原四兄弟の勢力も強まっていくが、後に聖武天皇は長屋王の冤罪に悩まされることとなる。

天平五（七三三）年には全国的に旱魃・飢饉が襲い、同六年の四月と十月には大地震に見舞われ飢死者も多く出た。同七年には二年振りに帰国した遣唐使により天然痘がもち込まれ、大宰府はもとより都まで流行した。さらに同九（七三七）年正月にも新羅使の帰京で、大宰府から六月には朝廷にまで疫病が伝染し、高官が多く死亡。七月に藤原麻呂・武智麻呂、八月には藤原宇合と藤原四兄弟も次々に没し、七月には飢饉が起こっている。

藤原四兄弟に替わり橘諸兄が実権を握り、唐から帰国した吉備真備や玄昉を重用した。大宰府に派遣された藤原広嗣は左遷と感じて天平十二（七四〇）年九月に反乱を起こすが、こうした世情に混迷した聖武天皇は、天平十二（七四〇）年から行幸をくり返し、恭仁京（天平十二年十二月）、紫香楽宮（天平十四年八月）、難波宮（天平十六年二月）と都を転々とするありさまであった。

この最中、天平十二年二月に訪れた河内国の知識寺で毘盧舎那仏を拝し、大仏造立を祈願したといわれる。天平十五（七四三）年十月大仏造立の詔を発し、紫香楽宮の甲賀寺で着手したが、これに関連する遺構が、二〇〇三年に発掘された甲賀市信楽町鍛冶屋敷遺跡の銅熔解関係遺構群であろうと推定されている。

鍛冶屋敷遺跡では、鞴座・溶解炉・鋳造土坑のセットが八カ所に整然と並んで検出され、注目を集めた。全体では、八世紀中頃の銅熔解関係遺構一一基、送風施設一〇基、鋳込み遺構一四基、建物跡七基、大溝などがあり、銅精錬と銅製品の鋳造工房跡が確認されている。

天平十七（七四五）年、相次ぐ山火事や大地震などで、紫香楽宮での大仏造営は中断。遷都をくり返していた聖武天皇は、同年五月平城京へ落ち着くこととなったが、なおも地震はつづいた。

同年八月ごろから平城京の山金里金光明寺（金鐘寺・現東大寺）で大仏造立の工事を再開させ、同十八年十月には燃燈供養が行われているので、大仏の塑像が完成したものと考えられている。大仏本体の鋳造は、同十九年九月二十九日から開始され、二年後の天平勝宝元（七四九）年十月二十四日に終了。鋳込みのバリを除去し、鋳加え補鋳に翌同二年正月から同七年正月までを費やす。また、頭の螺髪は別造りで同元年十二月から同三年六月。磨きや鍍金を開始して、天平勝宝四（七五二）年四月九日、大仏完成半ばで開眼供養会が盛大に催された。それは、仏教伝来（『日本書紀』）の二〇〇年目にこだわったという解釈がある。

大仏鋳造に用いられた料銅は、『東大寺要録』巻二「大仏殿碑文」に熟銅七三万九五六〇斤（四九六トン二四五キロ）、白鑞一万二六一八斤（八トン四六七キロ）とあるが、『東大寺要録』巻一に左記の記載があり、各場所の材料が知れる。

奉鋳用銅四〇万一九一一斤両（二六九トン六八二

図63　東大寺発掘調査現場（1988年）

キロ）、塾銅三九万一〇三八両（一六トン四〇〇キロ）、白鑞一万七二二斤一両（七トン一九五キロ）。以上が尊像本体鋳造用で、その内訳は、八箇度所用合＝四〇万二九〇〇斤両（尊像御躰用の料銅・白鑞＝二七〇トン三四五キロ）、奉鋳加所用也＝二万三七一八斤一一両（補鋳用料銅・白鑞＝一五トン九一五キロ）。

御螺髪用として、生銅九三二四斤一二両（六トン二五七キロ）。

御座用として、銅廿二万四九二九斤九両（一五〇トン九二七キロ）、白銅一八四斤一三両（一二四キロ）以上、若干の相違はあるが約五〇〇トン近い料銅が使われた。奈良の大仏鋳造をもって、製錬→精錬→鋳造→鋳直し→鍍金にいたる日本の冶金技術は、最高峰に達したといえよう。

一九八八（昭和六十三）年二月、東大寺大仏殿西回廊西隣の旧谷地形が発掘され（図63）、大仏創建時の生々しい資料が多く出土してこれらを彷彿とさせたが、長登木簡四六九号（一一四頁史料1）にみる製銅供給先は光明皇后と考えられており、長登銅山の銅が大仏鋳造に使用された。

4　古代製錬技術の変遷

ここで、古代における銅製錬の具体的様相について、長登銅山跡の調査成果から考察を加えてみよう。

（一）製錬の基本

山元における銅生産の基本工程は、採鉱・選鉱・製錬がある。製錬は、原料鉱石が酸化銅鉱か硫化銅鉱かでその扱いに工程差があり、孔雀石などの酸化鉱は、選鉱の後にそのまま炉に投入して還元製錬する。

しかし、黄銅鉱などの硫化銅鉱は硫黄を含有するので、これを除去するため熔錬の前段階として焼竈で焼鉱を行い、鉱石を酸化しなければならない。その後も素吹や真吹など段階的に熔解を行って、銅鉄合金の鈹を生成しながら鉄と銅を分離させる複雑な工程である。これが十八世紀以来日本固有の真吹製錬として世界に紹介（「鼓銅図録」英語版、独逸語版）され、西洋との違いが大きく喧伝された。

中世末頃から大航海時代を迎え、日本の銀・銅の輸出は盛んとなり、一六九七（元禄十）年には世界一の銅五四〇〇トン（八九〇万斤）を輸出した。鉱山開発も津々浦々に及び、硫化銅鉱石製錬の火床炉（地床炉）は全国的に普及し、地方で若干の差異はあるものの、ほぼ共通した製錬法であった。一九一九（大正八）年に大分県佐賀関や岡山県直島の製錬所ができるまでは、すべて採鉱現場近く

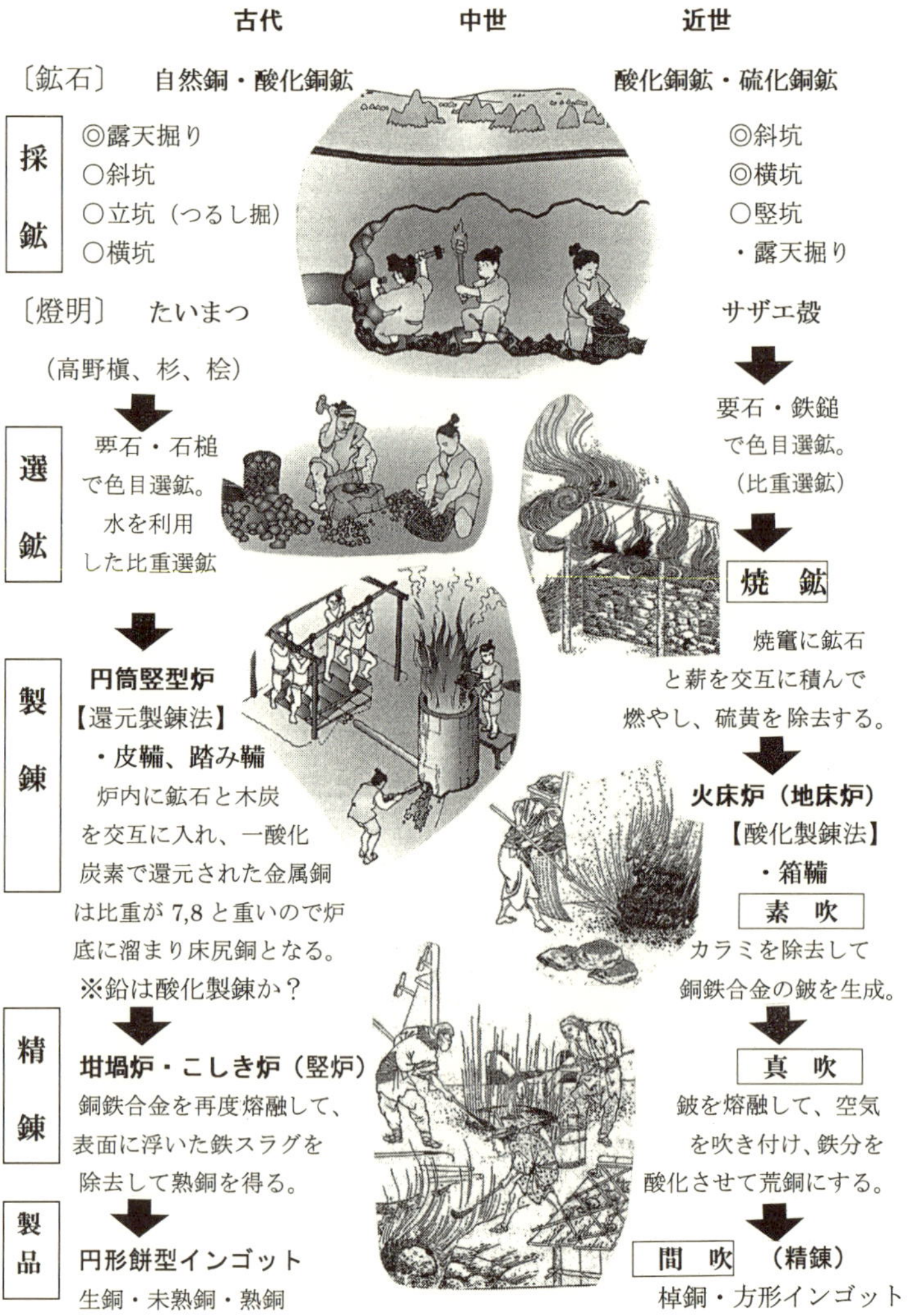

古代
中世
近世
〔鉱石〕 自然銅・酸化銅鉱
酸化銅鉱・硫化銅鉱
採鉱
◎露天掘り
○斜坑
○立坑（つるし掘）
○横坑
◎斜坑
◎横坑
○竪坑
・露天掘り
〔燈明〕 たいまつ
（高野槇、杉、桧）
サザエ殻
選鉱
要石・石槌
で色目選鉱。
水を利用
した比重選鉱
要石・鉄鎚
で色目選鉱。
（比重選鉱）
焼鉱
焼竈に鉱石
と薪を交互に積んで
燃やし、硫黄を除去する。
製錬
円筒竪型炉
【還元製錬法】
・皮鞴、踏み鞴
炉内に鉱石と木炭
を交互に入れ、一酸化
炭素で還元された金属銅
は比重が 7,8 と重いので炉
底に溜まり床尻銅となる。
※鉛は酸化製錬か？
火床炉（地床炉）
【酸化製錬法】
・箱鞴
素吹
カラミを除去して
銅鉄合金の鈹を生成。
精錬
坩堝炉・こしき炉（竪炉）
銅鉄合金を再度熔融して、
表面に浮いた鉄スラグを
除去して熟銅を得る。
真吹
鈹を熔融して、空気
を吹き付け、鉄分を
酸化させて荒銅にする。
製品
円形餅型インゴット
生銅・未熟銅・熟銅
間吹 （精錬）
棹銅・方形インゴット

図64　採鉱と製錬の基本工程

で製錬を行っていた。これを山元製錬とよぶ。

(二) 古代の製錬炉

古代の製錬炉も、江戸時代以降の真吹炉と同じく火床炉形式であったと概念的に想定され一般化していた。しかし、長登銅山跡の発掘調査で検出される炉跡は、大部分が破損して基底部が残るのみで、炉の原形を推定するのは困難であった。しかし、火床炉形式には復元しにくい遺構が多く、それを踏まえ、多数出土しているからみや、炉壁片の形態から炉の復元を試みた。

まず、炉壁片は第Ⅵ章七に詳述したとおり粘土紐輪積みの芯が認められることから、地表に立ち上がる形体と看取され、口縁部の厚さが一四センチを測るものが確認されて、ほぼ原形を留めているとみられる。また、炉壁の風孔は炉壁を貫通する送風機能の一つと理解でき、炉壁は地上になければならない。前述したように、大切製錬遺跡からの羽口の出土数は、十世紀の山神製錬遺跡にくらべて極端に少ない。これは、製錬の熔媒材として熔解し尽くしたとの見方もあるが、炉壁の風孔(図65)に直接送風管を接続して、送風機能が事足りたと考えざるをえない。

次にからみの形態であるが、図43に分類したように、おおまかに四種類の分類が可能で、そのうちⅠ類とした「流状からみ」は、大切製錬遺跡に普遍的であり、古代のからみと推察される。この形態は、半液体状のからみが紐状に流れ出た様相が顕著で、一カ所の口から放射状に広がっていることから、地表より上のレベルの竪型炉の口から流れ出たことが明白である。このことは、後に古代銅製錬復元実験の竪型炉で実証することができた。

以上のような観点から、地上に立ち上がる半地

図65　炉壁の風孔跡

下式円筒竪型炉の形態を想定復元した（図66上）。
これについて、冶金学からの意見は、硫化銅鉱の製錬では、石灰質の熔滓に接触すると炉が熔損するという見解もあり、長登採銅所での製錬鉱石が、酸化銅鉱か硫化銅鉱であったかが大きな問題となる。

からみの化学分析では、拡大顕微鏡で見た銅球の周囲に硫黄が認められたので、原料は硫化銅鉱だと解釈された説を過去に報告した。その後、これについては異論もあり、冶金学的にはかなり複雑な要素があり、硫黄の有無は判定基準とはならないようだ。また、製錬滓の化学分析（定性分析）では、Cu／S比率が古代では二～五〇となり（表2）、八世紀段階は酸化銅鉱石の利用に留まっていた可能性が強い。それは、一般的に製錬滓のCu／S比が一以上であれば、酸化銅鉱石の製錬滓とみる国際的な研究成果がある。これも断定的な

表2 長登銅山跡出土からみ分析値一覧（数値は三宝伸銅工業（株）久野雄一郎の分析による）

試料番号		NO.1	NO.2	NO.3	NO.4	NO.5	NO.6	NO.7	NO.8	NO.9	NO.10
採集場所		大切ⅢC区2T②36層	大切ⅢC区2T①地山面	大切ⅢC区3T24層	大切ⅡC区2T①20層	大切ⅢC区1T16層（地山	大切ⅠC区2T地山面	大切ⅥC区2TE土坑内	古山ⅠC区1T	下ノ丁0F区からみ堆積地	下ノ丁1F区からみ堆積地
形態		塊状滓	流状滓	流状滓	流状滓	流状滓	流状滓	流状滓	円盤滓	流状滓	板状滓
推定時期		8世紀前半	8世紀前～中頃	8世紀前～中頃	推定8世紀中頃	推定8世紀後半～9世紀	9世紀	9世紀～10世紀	14世紀後半～15世紀前半	推定近世前期	推定近世期～近代
定量項目	全Fe	27.84	33.72	27.34	48.65	29.7	41.65	24.69	45.3	29.89	44.28
	FeO	26.72	35.57	24.56	47.68	34.52	42.93	23.92	44.77	20.08	47.6
	Fe_2O_3	10.12	8.69	11.8	16.58	4.11	71.86	8.73	15.03	20.43	10.43
	SiO_2	29.88	30.12	36.54	15.14	32.37	26.89	34.46	23.77	35.04	24.81
	Al_2O_3	4.31	2.91	6.56	5.03	3.38	3.62	5.54	5.24	3.66	10.92
	CaO	16.76	20.57	13.94	3.17	21.45	9.97	12.22	4.02	15.57	0.83
	MgO	0.36	0.28	0.48	0.47	0.37	0.33	0.48	0.41	0.32	1.62
	TiO_2	0.05	0.05	0.27	0.21	0.15	0.14	0.15	0.17	0.17	0.25
	P	0.024	0.035	0.081	2.08	0.162	0.101	0.023	0.015	<0.01	<0.01
	S	2.03	0.14	0.26	0.07	0.046	0.204	1.74	0.03	0.04	0.37
	C	0.29	0.05	0.26	0.048	0.073	0.022	0.07	0.04	0.49	<0.01
	Cu	8.06	0.53	0.69	0.227	0.51	1.45	3.64	0.18	0.39	0.3
	Mn	0.12	0.24	0.21	0.41	0.3	0.27	0.3	1.39	0.43	0.18
	Zn	0.49	0.44	1.15	1.21	0.43	1.19	0.64	1.43	1.22	0.5
	Cr	<0.01	<0.01	<0.01	0.054	0.01	0.02	0.03	0.03	0.04	0.08
	Ni	<0.01	<0.01	<0.01	<0.01	<0.01	<0.01	0.01	0.02	0.02	0.03
	Co	0.019	0.02	<0.01	0.004	0.04	<0.01	0.01	<0.01		
	Pb	<0.01	0.08	2.6	7.47	0.91	1.42	2.24	0.04	0.14	0.15
	O_2	33.94	33.14	32.87	16.58	33.5	42.4	31.84	33	31.39	28.77
	Sn	<0.01	0.01	0.01	0.02	0.04	0.09	0.04	0.04	0.11	0.08
	Sb	0.06	0.07	0.07	0.01	0.02	0.02	0.08	0.07	0.16	0.35
	As	<0.01	<0.01	0.04	0.202	0.04	0.3	0.3	0.22	0.28	0.23
	Bi	<0.01	<0.01	0.01				0.03	0.04	0.06	0.1
Cu/S		**3.97**	**3.78**	**2.65**	**3.24**	**11.09**	**7.11**	**2.09**	**6**	**9.75**	**0.81**
As/Cu(%)		0.12%	1.89%	5.80%	89%	7.84%	20.69%	8.24%	122.22%	71.79%	76.67%
備考					鉛か						

判断基準にはならないようで、からみに内在する脈石成分の比較検討など、諸要素を総合的に判定されなければならない。しかしながら、長登銅山跡の発掘調査で出土した鉱石残片は、柘榴石や珪孔雀石の酸化銅鉱がほとんどであるので、今のところ酸化銅鉱石の製錬であったと解釈している。

　したがって、酸化銅鉱石の製錬であれば、当然地表から立ち上がるシャフト炉での還元製錬でなければならない。近世期に一般的な硫化銅鉱の製錬は、鉱石を焼いた後に、地面を掘り窪めた火床炉での酸化製錬となる（図66下）。

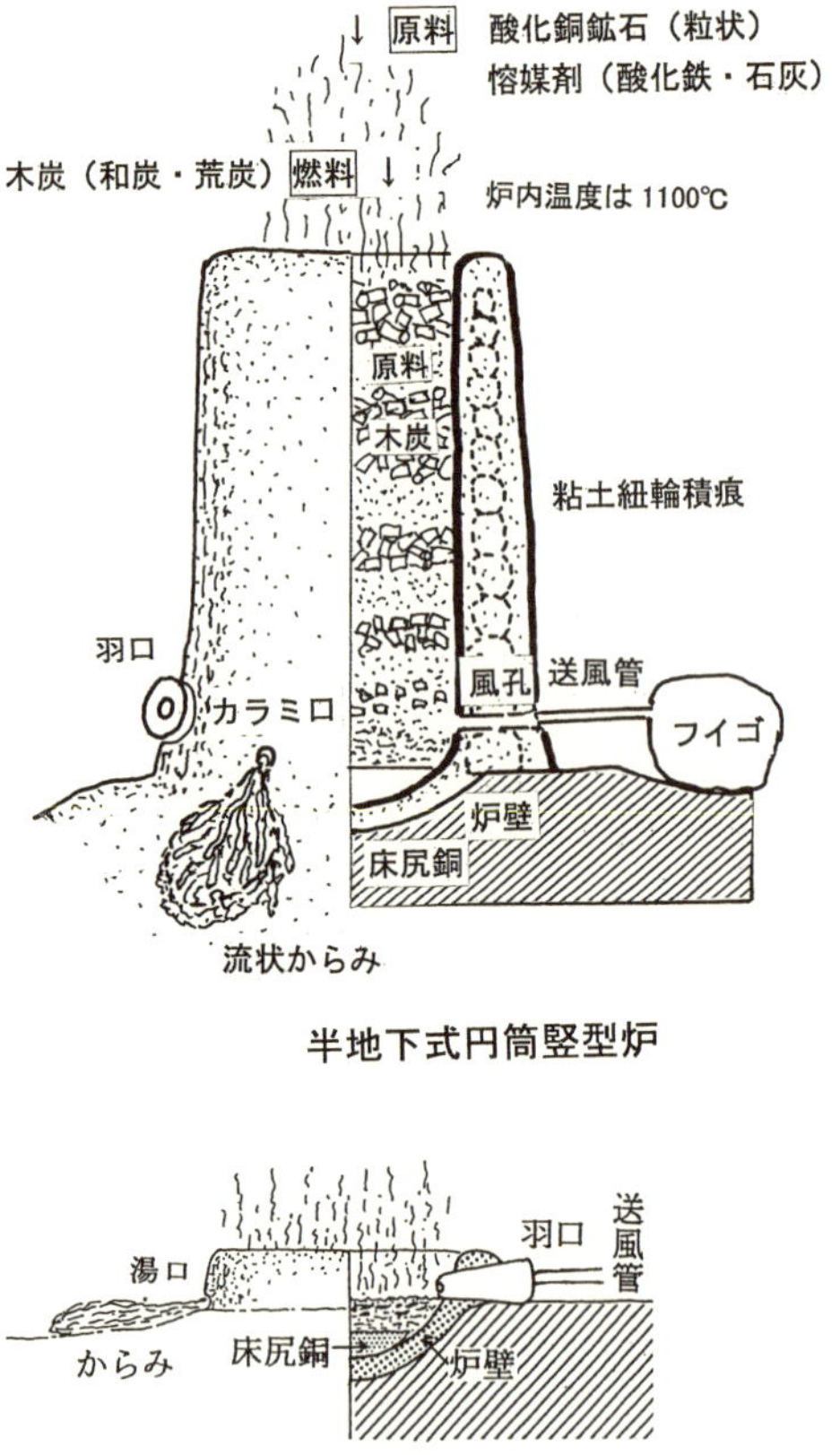

図66　古代銅製錬炉想定図

　なお、木簡資料によると、製銅は一枚あたり平均二〇～五〇キロの重量となり、径三〇センチ程度の炉から一回で生成されたとは考え難く、複数の銅塊を再度熔解する熔解炉（精錬炉）の存在が想定できる。この熔解炉（精錬炉）が円筒竪型炉となるのか、あるいは鋳造遺跡に普遍的な可動式のコシキ炉であったのか不明であるが、長登銅山跡から出土した炉壁の内面は、脈石の硅石などの熔融でガラス質状に還元されて重厚であるので、製錬工程の産物といえる。

一方、神崎勝は、この炉壁を坩堝の破片と見て、坩堝製錬説を提唱している。この根拠として、粘土紐積み上げの製錬炉は例がないとするが、古代の製錬炉は、今のところ山元である長登銅山跡以外には確認されていないので、鋳造工房跡などにみる坩堝炉を参考にすることは論外であろう。炉壁片で胎土外面が被熱したものはなく、炉壁外面は長年の浸食風化で剥離されているので、坩堝とはいえない。

また、はたして坩堝（移動できる小さな器）で不純物の多い原鉱石を熔解分離できるのか、また、銅鉱石の約九〇％の不純物はからみとして廃棄されるが、坩堝から廃棄されたからみはどのような形態であるのか種々疑問である。

長登銅山跡では、鋳型の存在も今のところ顕著でなく、製銅出来高斤数も一律でないので、坩堝からインゴット鋳型への流し込みは想定しにくいといえよう。

以上の諸要素を鑑み、先に分類（図41）した炉跡を大別すると、A類～D類型が製錬炉と考えられ、F類型は鋳造炉と推定される。なかでもA・B類型は円筒竪型炉の痕跡とみることができ、C・D類型は火床炉の形式といえ、鉛製錬炉と推定される。

（三）製錬技術の画期

半地下式円筒竪型炉は、古代の基本的な製錬炉と考えられ、初期の段階では炉体の破損もあったと思考されるが、稀に出土例があるカラミⅢ類の塊状滓は、この産物と理解できる。長登銅山跡の火床炉は、炉底部の土壌分析で鉛の製錬が多い傾向にあり、それは九世紀以降に顕著である。

小池信彦も古代の銅製錬炉として円筒竪型炉に賛同しているが、火床炉の出現は八世紀末頃とし、それも灰吹炉の伝播の可能性と関係すると推考して、新たな視点を投げかけている。

なお、国内出土銭の鉛同位体比を精力的に測定した国立歴史民俗博物館の斉藤努・高橋照彦は、本朝十二銭の「隆平永宝」（七九六年初鋳）から鉄の含有量が少なくなるという結果を導き出し、製錬技術の変化の可能性を示唆した。

このことは、酸化銅鉱石の還元製錬は、からみを分離する熔媒剤として褐鉄鉱・石灰などを多量に混入し、酸素を遮断して還元するため、鉄分の残留が多いといえるが、硫化銅鉱石の製錬は酸化製錬で鉄分は酸化して少なくなるという、冶金学的見地を傍証するものではあるまいか。つまり、八世紀末頃には、酸化銅鉱帯の採掘が底をつき、硫化帯の採掘にも及んで鉱石が混入したことも推考される。しかし、あくまで推論の段階である。

それは、今のところ硫黄を含有した硫化銅鉱石の使用は、十五世紀頃からとする理化学的な研究成果があるからである。これは、長登銅山跡大切四号坑・一〇号坑内の鍾乳洞化している空洞の石筍の年輪から導き出されたもので、石筍の年輪にいつごろから硫酸イオンが多くなるかという理化学的な研究成果である。硫酸イオン付着の原因を硫化銅鉱の製錬に求めたものである。

ただ、九〜十世紀は鉛製錬が多くなることを発掘調査で確認している。酸化銅鉱石が減少し、鉛の生産が多くなるのであるが、硫化物の方鉛鉱は低温度の酸化製錬が可能であるので、火床炉で製錬された可能性があるといえる。

今のところ、いつ頃から硫化銅鉱の製錬が開始されたかは、確定していない。今後の大きな課題であるが、このことに鉛製錬技術が関与する可能性が予測される。

(四) 製銅インゴット

十七世紀、棹銅とよばれる細長い棒状のインゴットが、大坂長堀の銅吹所で製造され、長崎表から盛んに輸出された。これに携わった泉屋（住友）の資料館には円盤状の床尻銅も保存されている。

古代の銅インゴットについては、先に掲げた正倉院文書に塾銅・未塾銅・生銅と分別して、個数を記載した記録がある。これを検討した葉賀七三男は、単位が枚数であるので、円形の薄い餅型と推定していた。

また、古代の銅インゴットの規格・種別について、神埼勝は、近世の大坂銅吹所出土の銅塊・カラミの比重データーを参考にして、綿密な比重計算で塾銅・生銅などの分別方法を提案しているが、基本的には規格化された同じ体積であることを前提としているので、鋳型も確認されていない現状では、あくまで試論の段階といえる。

近年、京都府大山崎町の山城国府跡で古代の銅インゴット六枚が出土していたのが判明したが、この場所は、行基が建立した山崎院の一角であることが推定されている。大山崎町教育委員会の二〇〇九年の報告書によれば、製銅の形状は不整円形で、いずれも径二〇㌢、厚さ二㌢前後の薄い鏡餅形で、断面は中央部が膨らみ薄い半月状を呈す(図67)。表面が平滑で、裏面は小さな凹凸がいちじるしいことから、浅い土坑に溜めて成形されたものと想定できる。円筒竪型炉あるいは円筒状の熔解炉（コシキ炉）から一時的に溶銅を流出した

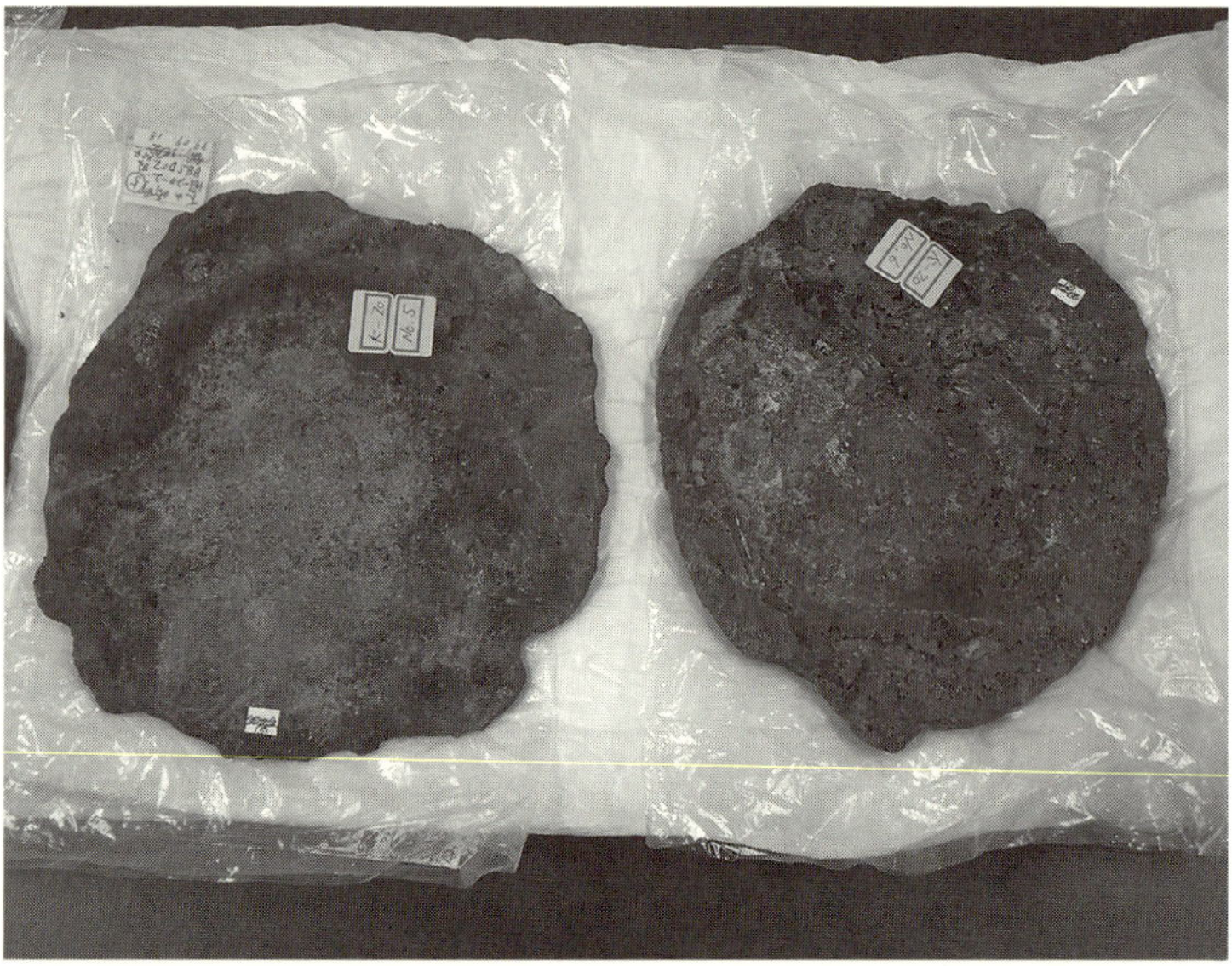

図67　山崎院跡出土製銅インゴット（大山崎町教育委員会所蔵）

と推定される。この製銅は茶褐色の鉄錆が目立ち、インゴットとしては生銅の類であろう。

この製銅は、一個体の重量が一・四〜二・八キロと軽量であるのが疑問で、小斤計測で出荷された可能性も推定できる。製銅の化学分析結果は、銅・鉛の外に、錫・砒素・銀・アンチモン・コバルト等が微量に検出され、長登銅山から於福銅山産の値に近いとされる。大山崎は、淀川から木津川への分岐点で、古代の中継港も想定されることから、備蓄されていたとの見方もある。時期は、共伴する遺物から八世紀末から九世紀初頭と考えられるが、今のところ国内では最古の製銅インゴットである。

5　長門国採銅所

八二五（天長二）年、長門鋳銭使を廃して、周

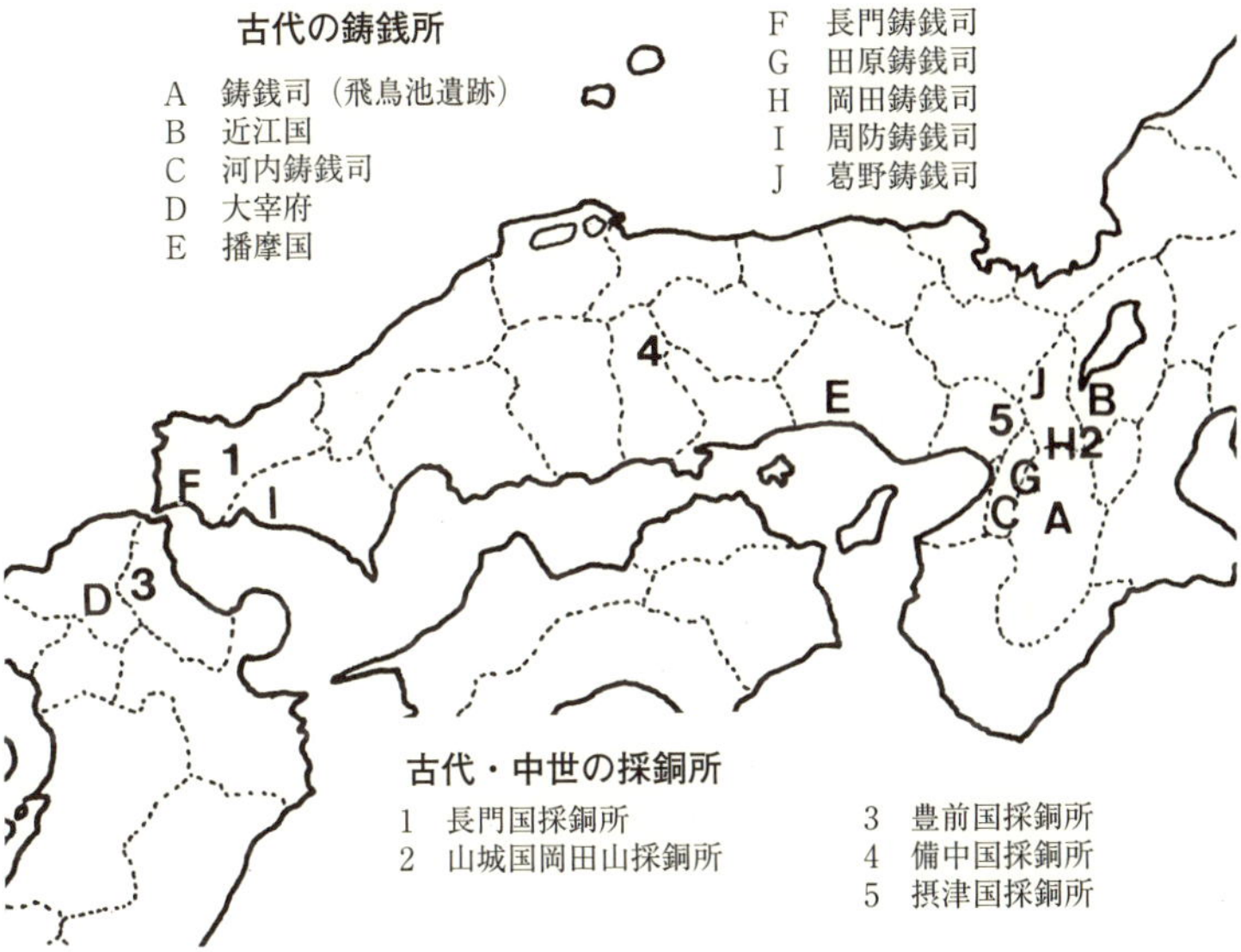

図68　採銅所と鋳銭司

防鋳銭司が吉敷郡に開設される。それは、長登銅山や阿武郡蔵目喜銅山の、料銅搬入の利便性を考慮した移設であったと思考され、すでに、椹野川河口には京への積出港が設置され稼動していたと推考する。

貞観元（八五九）年二月二十五日、長門国医師従八位下海部男種麻呂が採銅使に任命され、貞観五（八六三）年十月二日、長門国採銅所雑色四人が勘籍に預かるという『日本三代実録』の記録が、採銅使・採銅所の初見である。この九世紀代は、銅資源が枯渇して銅生産が低迷し、鋳銭料銅の不足が深刻な問題となってきた時期である。私鋳銭者の横行や、鋳銭司への料銅供給をめぐり、鋳銭司と長門国司の争いが絶えなかったようで、結局、国司を改め専任の採銅使を派遣して、国家的銅生産の強化を図ろうとしたものであった。

しかし、一〇年後の貞観十一（八六九）年二月には、長門国採銅使の派遣を停めて、ふたたび国司に銅を採進させることとなる。同年七月には山城国岡田山採銅使を配置し、翌年の貞観十二年には備中・備後両国に採銅を命じているので、この頃長門国の産銅が低迷していたことが推察できる。

貞観十八（八七六）年三月、長門国採銅使兼鋳銭司判官弓削秋佐の解文によると、百姓が私採した銅で雑器を鋳造し、民間に交易を行っていたことがわかる。この頃には、郡司や百姓浪人が私的な生産活動をつづけていたので、国家も新たな銅資源の確保に力をいれ、元慶元（八七七）年閏二月、美作国真嶋郡加夫良和利山・大庭郡比智奈井山・備前国津高郡佐々女山など、小規模な銅山探索の記事が目立つ。

元慶二年三月、豊前国では新たに規矩郡の傜夫一〇〇人に採銅客作児として採銅を命じたが、この七年後の仁和元（八八五）年三月、豊前国民は未だその技術を習得できずとして、長門国から破銅手・掘穴手各一人が豊前国採銅使の許に派遣された。豊前国はかっての産銅国と目されるが、この時期には技術の断絶があったか、もしくは新たな技術の導入を図ったことがうかがえ、依然長門国採銅所は官営としての先進的技術を保持していたといえよう。破銅手・掘穴手、採銅客作児がどのような技術者かはわからないが、前二者は製錬工・掘鑿工と理解でき、採銅客作児は意味不明ながら、下級の差別された人びとと解する見解もあり、一〇〇人もの大勢であるので、採掘と製錬の役夫を担ったと受け取れる。

元慶五（八八一）年三月、石見国美濃郡都茂郷丸山から銅を産出した。銅工膳伴案麻呂と眞髪部廣世が銅鉱石を発見して試験製錬を行い、木工少屬従七位上紀朝臣眞房と史生従八位上眞髪部安雄が検察したと、散位従五位上陽侯忌寸永岑が報告したもので、銅資源枯渇対策として全国的な探鉱が行われていた。石見国守上毛野朝臣氏永が元慶六（八八二）年に一階級昇進して従五位下に任ぜられた背景には、この功績があったのではと憶測される。

元慶五年六月には山城国岡田採銅使を停止し、仁和二（八八六）年備中国採銅使が記録に現れる。寛平元（八八九）年十月に備中国採銅使として弓削秋佐の名が見えるが、弓削秋佐は一三年前には長門国採銅使を勤めていた。延長五（九二七）年頃に編さんされた『延喜式』では、鋳銭料銅の産地として備中・長門・豊前国、鉛は長門・豊前国が知れるものの、産出量はきわめてわずかで、本朝十二銭の原料供給に留まっていたと推考できる。

天慶三（九四〇）年十一月、藤原純友の乱で周防鋳銭司が焼き討ちされると、それは、長門国採銅所にも影響があったと推考でき、周防鋳銭司での鋳銭事業も縮小し十一世紀初頭には終焉する。律令体制の崩壊とともに長門国の採銅事業も暫時衰退したといえよう。

長登銅山跡の調査から、九世紀代は鉛の生産が多くなることが判明しており、長登採銅所が文献に現れる長門国採銅所として異論はない。長登銅山跡の大切地区（いわゆる古代の官衙跡）では、大切ⅥC区2Tで九世紀から十世紀にかかる製錬炉跡が検出され、最終的には十世紀中頃まで製錬作業が行われていたことを物語る。

また、長登銅山の南二キロに所在する平原第Ⅱ遺跡で、九世紀代の長大な役所建物跡と鉛製錬炉跡が検出されている（図69）。この遺跡は、大田盆地の西方に立地し、長登銅山跡から瀬戸内方面への通路に当たる位置で、製銅の集出荷などを担っ

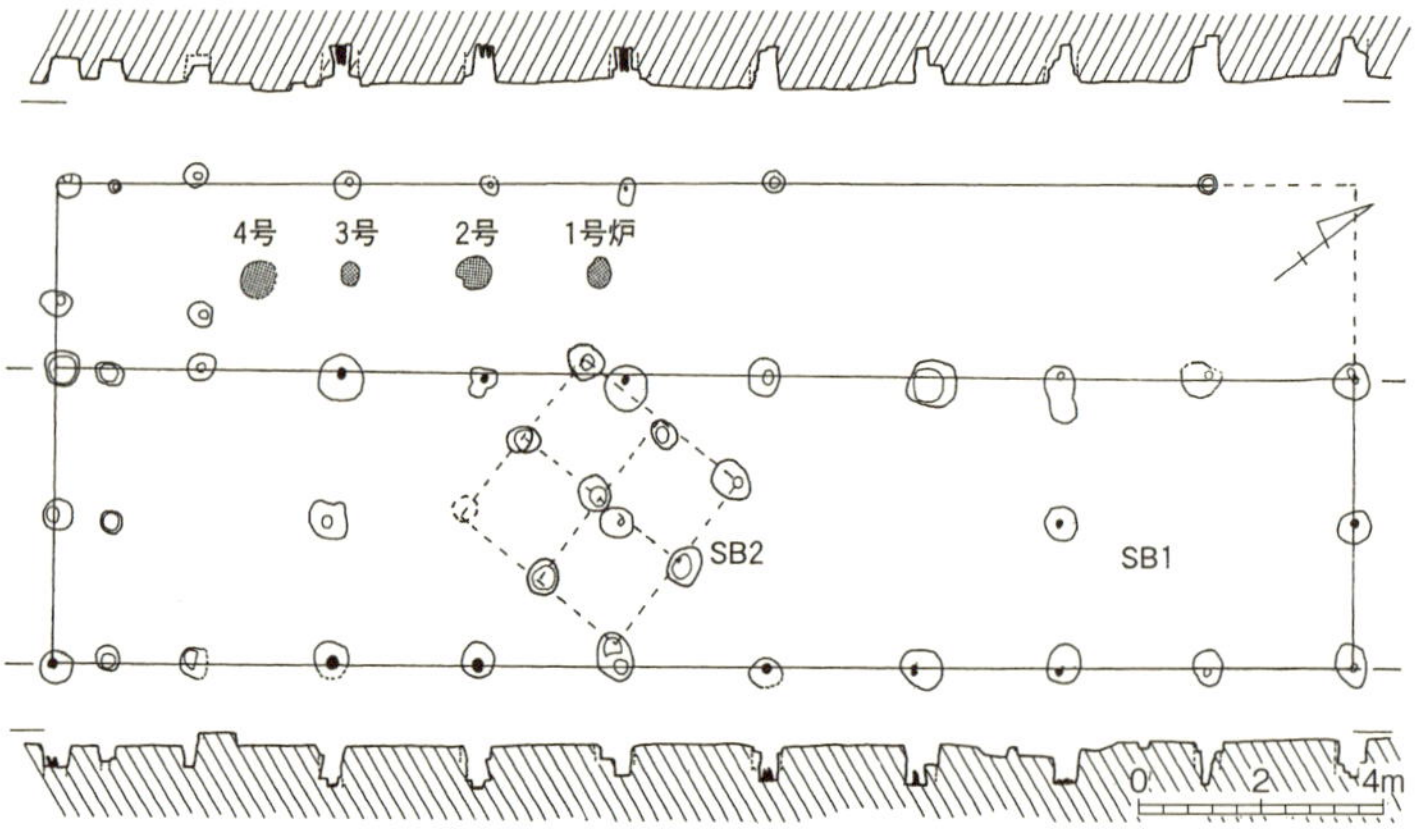

図69　平原第Ⅱ遺跡の大型建物跡と炉跡
（中央の総柱建物跡は7世紀後半の倉庫跡）

たと推定される。また、役所建物を増築して庇内に鉛製錬工房を設備した形跡があり、大量の緑釉陶器が出土し、墨書土器に「西」「大」などがあることから、しいていえば長門国採銅所との関連も想定できる。

長登銅山跡および平原第Ⅱ遺跡出土の鉛片は、鉛同位体比分析調査の結果、長く本朝十二銭の原料であったことが判明した。なお、分析の結果は、山口市阿東町蔵目喜銅山の鉛も確認されており、ともに平安時代の銭貨料銅鉛を賄った。

6　古代の顔料「胡粉・緑青・丹」

『延喜式』二十巻（民部省下）「交易雑物」の項にみる諸国特産物のなかに、長門国は海藻・鹿皮等のほかに胡粉二〇斤・緑青二〇斤・丹六〇斤があり、後者三点はいずれも顔料で、長門国のみの

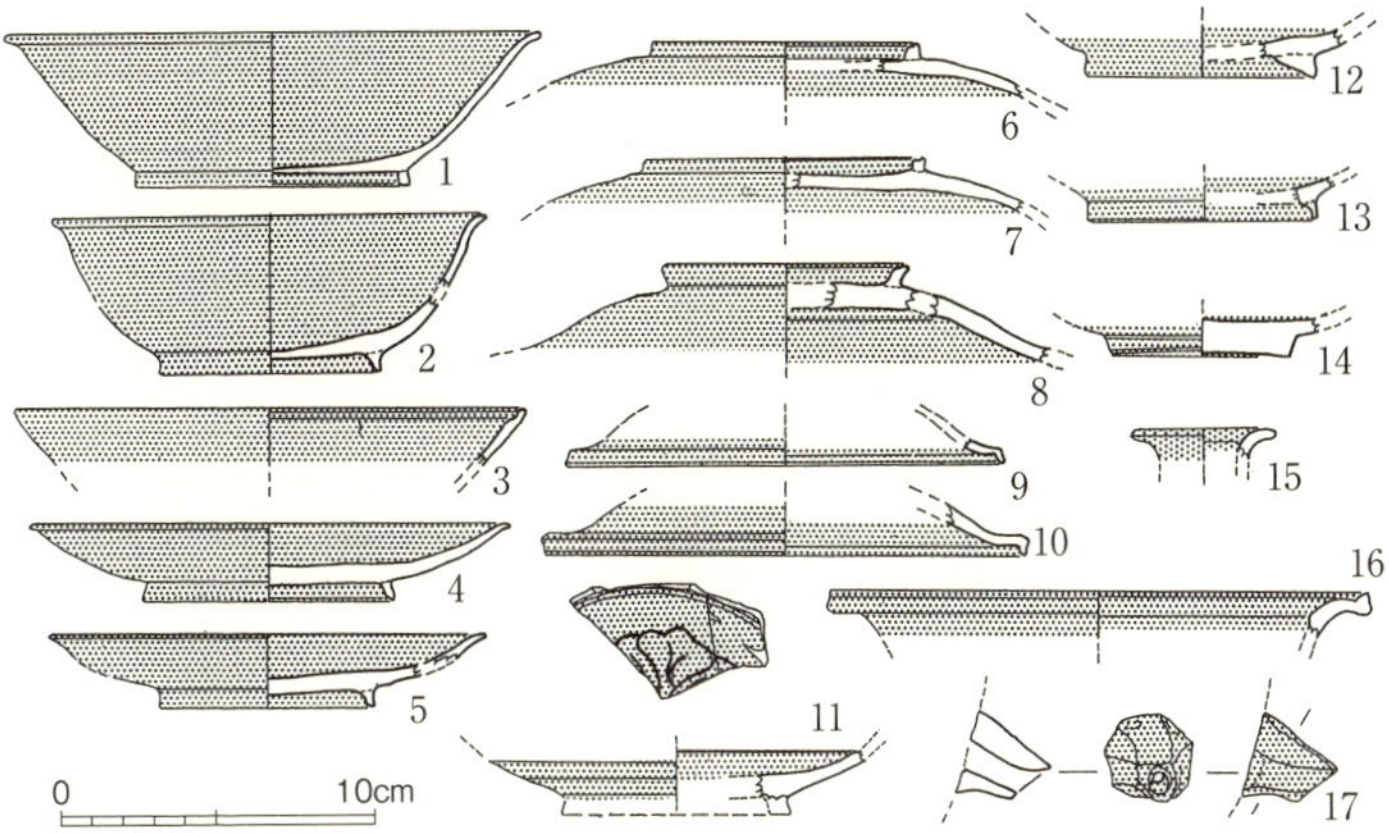

図70　長門産緑釉陶器実測図（平原第Ⅱ遺跡出土品）

特産品となっている。これらは鉱産物であるので、長門国採銅所と深い因果関係があると思考される。文武天皇二（六九八）年九月、安芸・長門国が金青《こんじょう》・緑青《りょくしょう》を献じた記録は、顔料の初見とされ、金青は紺青《こんじょう》（群青《ぐんじょう》）、緑青は録青でそれぞれ藍銅鉱・硅孔雀石からの精製である。長登銅山跡からは緑青の細粒が出土し、原石の孔雀石を粉砕する要石・石槌も出土しているので、製錬用銅鉱石の粉砕とともに、色目の鮮やかな孔雀石で顔料生産も行われていたと推定される。金青・緑青は、画材・壁材・緑釉陶器などの原料となるが、正倉院に伝わる長門銘伎楽面の顔料分析の結果、藍銅鉱が原料で砒素も検出されたとされ、長登銅山産の可能性が高いと報告されている。

　また、平原第Ⅱ遺跡から緑釉陶器が多数出土していて、陶器の上薬には緑青と鉛が必需品であり、原料調達に至便なこの地域で陶器製作が行われた可能性は高い。長門国から出土するいわゆる長門産緑釉陶器＝長門国瓷器《しき》（図70）は、器の胎土が良質の白色粘土で、釉薬も薄緑色の鮮やかな黄緑系を呈し、他産地との見分けも可能な優品といえる。近年の研究では、平原第Ⅱ遺跡の緑釉陶器が、周防鋳銭司出土陶器にも影響を与えたと考究されている。

長登銅山跡および平原第Ⅱ遺跡では、土師器甕の内面に炭酸鉛が付着した破片が多く出土している（図71）。比重の重い金属鉛を甕に入れての運搬は考慮しにくく、中国の『天工開物』に類例を見るような、「胡粉」の製造にかかわるものではないかと推定される。これは、甕のなかに金属鉛と酢を入れて加熱する方法であるが、鉛が酸化して炭酸鉛となり、白い粉の鉛白が採取できる。この鉛白は古代の顔料（胡粉）でもあるが、化粧の白粉《おしろい》でもある。正倉院に伝わる御物の白色顔料を分析の結果、鉛白には唐胡粉と和胡粉があることが明かとなった。一般的に貝殻材の胡粉は中世期からとされるので、長門産の和胡粉は、平原第Ⅱ遺跡などで生産された炭酸鉛といえるのではあるまいか。今後の分析研究に待ちたい。

丹は、辰砂から精製される水銀朱と、酸化鉄鉱系から採取する丹、また、鉛白を焼成して得る鉛丹があり、おもに前者が縄文時代から全国的に流布していて、古墳などで呪術・防腐剤の役目をはたしてきたといえる。辰砂は、伊勢国勢和郡から高野山〜阿波・伊予国にかかる中央構造線帯に産出し、水銀朱の産地に関連する地名として丹生・壬生が多く残る。弘法大師・空海は、四国八十八カ所を開いたとされるが、高野山を含めその大半は水銀鉱床であるといわれ、山岳密教と不老不死を追求した丹薬との関係が指摘されている。

さて、長門国に辰砂は産出しないので、長門の

図71　鉛インゴット（右下）と鉛付着甕（左）

丹は、鉄鉱石系統のいわゆる弁柄とよばれる薄赤茶色の顔料か、もしくは鉛丹であることが考えられる。正倉院に残る顔料の「丹」は、二〇〇三（平成十五）年の「第五十五回正倉院展」で一点公開されていたが、橙赤色を呈す色鮮やかなもので、この丹は鉛の酸化物の鉛丹であろう。包紙の底に「上丹三斤六両小　五年六月十五日定……」とあって、天平勝宝五（七五三）年であるとされるが、八世紀中頃には鉛丹が一般的であったことがわかる。そうすると、先の鉛白＝和胡粉は、鉛丹の原料になった可能性がある。

なお、長登銅山跡浜の宮山・北平山は褐鉄鉱や亜鉛（異極鉱）を産出しており、江戸時代『防長風土注進案』長登村の項に、浜の宮山「尤此山一面丹石也」とあって丹の表現があるので、顔料として利用された可能性がある。古代においても褐鉄鉱は酸化銅鉱製錬の熔媒材として、また、顔料として利用されたことが推定できる。

秋芳町別府に壬（潤）生神社があり、『文徳天皇実録』にも記載がある古社であるが、壬生は丹生の転訛とも推考できる。この地域では酸化鉄の丹との関連が考えられ、花尾山中腹に江戸初期の河原上鉱山跡が所在し、銅・鉄両方のスラグが残っている。

以上、丹については、時代的にもその実態がいまいち明瞭ではないが、古代においては鉛白が生産され、鉛丹にも加工された可能性を指摘しておきたい。その後、褐鉄鉱を原料とした丹に変化したと解釈しておきたい。

7　古代から中世へ

長門国採銅所と目される大切製錬遺跡では、今のところ十世紀中頃までの遺物が確認されている。この大切谷の南に位置する伊森谷の山神製錬遺跡では、四六㌢×四七㌢の隅丸方形で深さ一四㌢の鍋底状を呈す炉跡が検出されており、一九㌢×二七㌢の楕円形を呈した湯口も付設している。共伴土師器から十世紀後半頃と推考される鉛製錬炉跡であるが、大切谷とは距離があり、私的な製錬場の可能性もあり、採銅所との関連は不明である。

長門国採銅所廃絶後に、採銅所が史料に現れるのは、応徳元（一〇八四）年の摂津国採銅所で、「年貢銅、金青等巳以闕怠云々」とあり、毎年銅・紺青・緑青を年貢として朝廷に貢進する規定があった。摂津国は長暦元（一〇三七）年四月十二日に能勢郡から初めて銅を献上した（『百錬抄』）といい、『扶桑略記』には、「長久二（一〇四一）年十二月十九日、是日自摂津国始献紺青」の記事がある。その後、摂津国採銅所は、建暦元

図72　平原第Ⅱ遺跡の輸入白磁碗

（一一一二）年七月に、銅三〇〇斤を伊勢神宮遷宮神宝塗料として進納した記録があり、十一世紀中頃から十三世紀の銅需要を賄っていたと推察される。

なお、康永二（一三四三）年七月に銅六〇〇斤、紺青一〇〇両の記録を最後として途絶える。

長登銅山跡の南二キロにある平原第Ⅱ遺跡では、九世紀から十世紀初頭の遺物や鉛製錬炉四基が確認されているが、遺物包含層の上層に二基の製錬炉跡（五号・六号）が検出された。これは、十世紀まで存続した官衙建物が廃絶した後に構築されており、輸入陶磁器の白磁碗（図72）の形式から十二世紀に相当するものと思考される。

五号炉跡は、径四〇センチの円形を呈してわずかな窪みを残すが、被熱も軟弱で焼窯の類と考察される。六号炉跡の形態は、一辺四〇センチ×四五センチの隅丸方形状を呈し、深さ五センチの中段から下部は径三五センチの円形を呈して鍋底状となり、古代とは異形のものである。残存する全体の深さは一二センチを測り、底は砂質で緑青を噴いた鉱石粒も確認され、銅製錬炉であることが確認された。

近隣を概観すると、防府市切畑の切畑南遺跡から、十一世紀から十二世紀にかかる五基の火床炉と、皿に盛られた六個の小銅塊片が出土している。近くに所在する金山が、古代の産銅地「達理山」に想定されるが、小銅塊の化学分析ではヒ素が七〜一六％含有されており、長登銅山か蔵目喜銅山などの石灰岩地帯産出の可能性が強い。炉跡や周囲の土壌分析で、鉄分が多く検出されていることからも、銅精錬の火床炉と推定でき、小銅塊は材料としてもち込まれたものであろう。

また、美祢市於福町の砂地岡遺跡でも、十二世紀後半から十三世紀前半の中国製陶磁器とともに、二つの土坑に炭、からみ、焼土が充満して、銅製錬の痕跡が残る。調査地区外には多量のカラミが堆積しているので、この時期の製錬が想定されている。

中世の遺跡として、長登銅山跡の古山ＩＣ区１Ｔで、十四世紀末から十五世紀初頭の足鍋をともなう焼土面と坩堝などが検出された（図73）。焼土面は径一メートルを呈す硬質なもので、半分程度が遺存していた。坩堝は二個の破片図73－5・6が出土し、そのうちの5は口径一六・四センチ、器高八センチで深さ七センチを測る。内面はカラミが付着して、中位で内側に一センチ程度せり出し、銅鈹が剥がされた痕跡とみられる。羽口は、7の孔径二・七センチ、8は孔径二・四センチ、現存長さ一六・五センチで裾部が開き、バルブ羽口の様相を呈す。円盤からみ9は、厚さ五ミリで復元径二五センチ、円縁部が上方に反転して水剥ぎの形跡を残す。ただ、坩堝（五）の口径に合致しないので、別の坩堝か火床炉から剥ぎ取

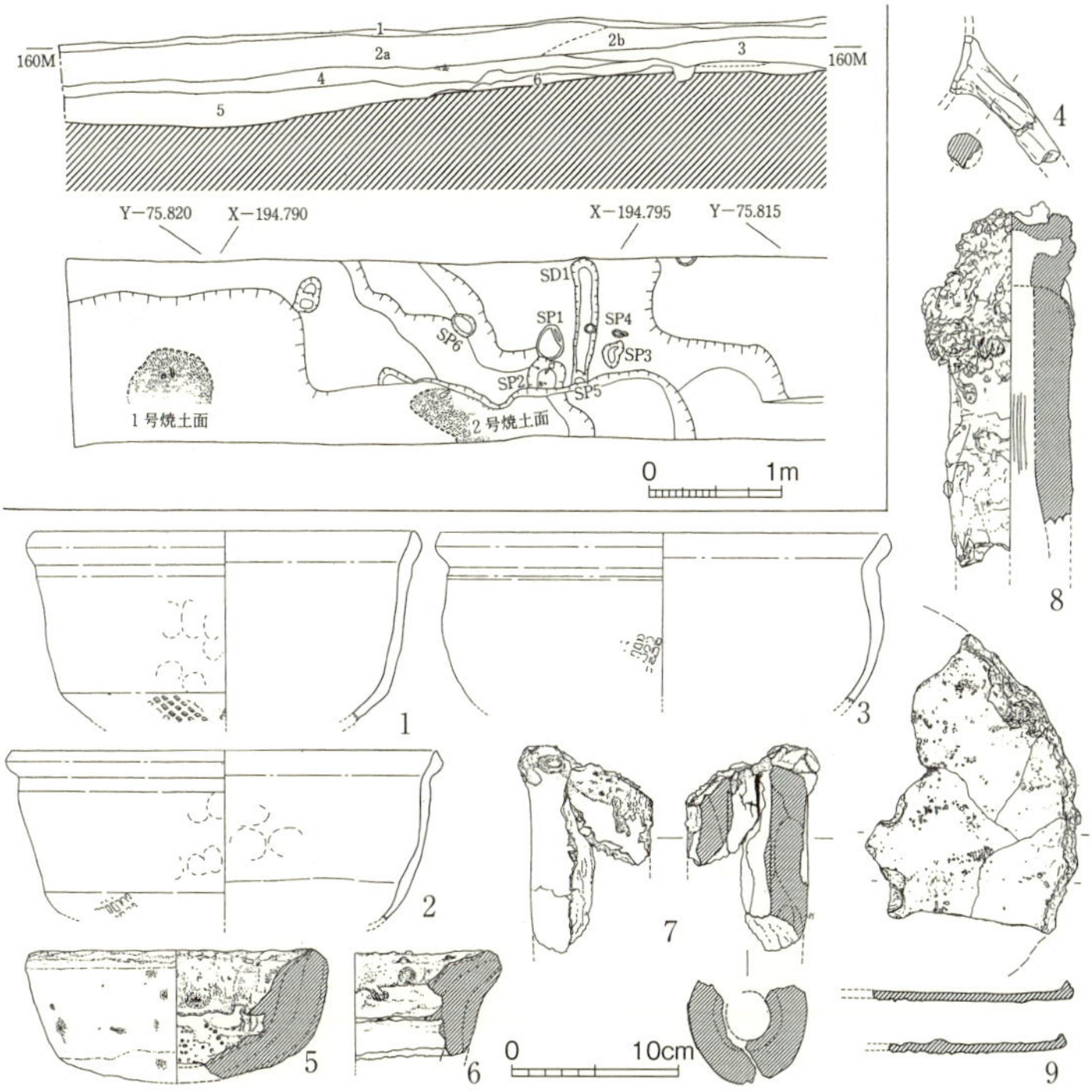

図73　中世の製錬跡と遺物（古山ＩＣ区１Ｔ）

られたものであろう。

　この考古学成果に符合すると考えられる記録に、応永七（一四〇〇）年、大内盛見が長門国大田郷（長登銅山を含む）地頭職を周防の国清寺に寄進した文書がある。国清寺は銅山経営にかかわったと思考され、後の天文年間には「当寺領大田長登鉱山之儀」等、銅山経営にかかわる古文書がある。大内氏の勘合貿易で銅が重要品目となるが、これを担っていたのであろう。天文十九（一五五〇）年には、大田郷の瑞祥庵住持善璜が大内氏の使者として石見銀山に派遣されていて、その後も鉱山関係が色濃く残る。

　弘治三（一五五七）年、大内氏滅亡後は毛利氏が鉱山経営を引き継ぎ、長登銅山では下ノ丁一帯に多くの円盤カラミ・板状カラミが堆積していて、江戸初期の大規模操業を物語っている。

Ⅸ　発掘調査時の偶発的エピソード

発掘調査仲間の間で、「発掘をしても、不思議と当る人と、当らない人があるなー」といったジンクス的な風評がまま噂される。遺跡の価値に差がある訳でもなく、そんなものどうでもと思うのであるが、長登銅山跡の調査を振り返ってみれば、まったく偶発的な行為が時として重要な発見につながった。そんな偶然があるようにも思えるので、二、三の事例を紹介してみよう。

1　墨書土器「大家」の発見

一九八八（昭和六十三）年の大切試掘調査は、八月二十日～三十一日の約一〇日間の日程であった。本務（税務課）以外の仕事であったため、あまり日程が取れなかったのである。だが、限られた期間ではどうしても満足がいかないものがあり、九月十一日の日曜日、空けたままにしていたトレンチの断面図の補足を実施した。折りしも、高校時代のクラブの後輩でもある、下関市教育委

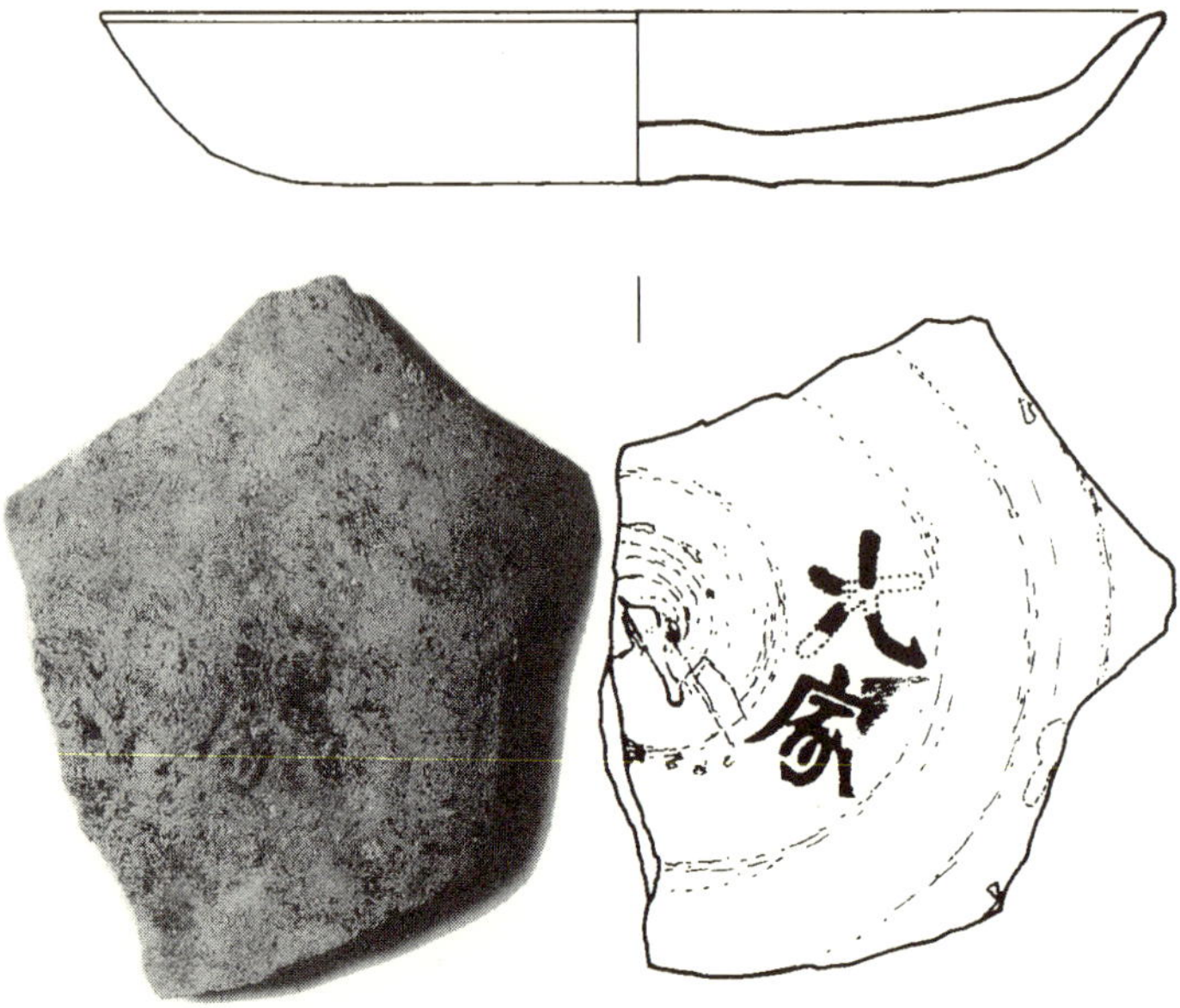

図74　墨書土器「大家」

員会の故・水島稔夫が見学に訪れたので、二人で現地に赴いた。試掘トレンチは、数日前の雨のために西壁のからみ層が崩れていた。崩落土やからみの除去を水島にも手伝ってもらったが、この時二～三片の須恵器を採集した。後に、このときの須恵器に「大家」の墨書があることが判明したのである（図74）。

この墨書土器の発見によって、長登銅山跡が官衙遺跡であることが濃厚となり、翌年度の国補助事業がスムーズに内示を得たように思う。

九月の日曜日に現場を再訪しなかったら、「大家」は永久に埋れたままになっていたであろう。泥に汚れた小からみと土器片のみきわめは、きわめてむずかしく、通常の発掘では見逃す危険が高い。ゆっくりした時間のなかでこそ採集することができたといえる。「大家」はともに作業をした水島との思い出の遺物となった。

さて、墨書土器「大□」の文字は、暇々に土器洗いを行っていたので、十月頃に確認したと記憶している。「大□」か「人□」か不明で、山口県教育委員会と相談して、NHK名古屋放送局から赤外線テレビモニターがくるので、それを待とうということになった。十一月四日に、文化庁から松村恵司調査官が来町した折、現地案内と墨書土器も実見してもらい、山口大学の八木充に鑑定を依頼することになった。さっそく八木に連絡をとり、当時人文学部長という要職にあったが多忙ななか十一月二十二日にNHK山口放送局にかけつけ鑑定。即座に「大家＝おおやけ」と判読し、長登銅山跡の中心的建物を指すのだろうというコメントであった。これで国補助は決定的だろうと、同行した岩本明央主事とともに心を躍らせた。

美東町教育委員会の記者発表では、筆者が説明を担当し、十二月一二日にテレビで放映となった。今でも記憶は生々しい。

2　最古の製錬炉検出

一九九〇（平成二）年度の調査は、大切製錬遺跡の中央部で一九八八（昭和六十三）年調査トレンチを拡大した。すでに粘土塊溜まりや炭灰を検出していたので、この付近に炉跡があることを想定していた。地表からいきなり硬いからみ堆積層を掘り始め、地下六〇センチで地山面が現れた。地山面に遺存する須恵器を残し、からみを除去していくのであるが、からみが充満した土坑や窪みが何カ所か検出された。

このうちの一つに硬く焼けた径約三〇センチの楕円形を呈す焼土面が検出された。移植ゴテでも歯が立たないくらい硬質で、堆積土を除去すると、二五×一八《チセン》くらいの楕円形となり、径一六《チセン》の湯口が付随して瓢箪形を呈す。窪みはわずかであるが、内湾して立ち上がる様相が看取できたので、製錬炉の底と判定した。さっそく葉賀の実見により、火床炉で間違いなく、今のところ奈良時代の日本最古の例になるということで報道発表したが、後々その形状に疑問の残る炉跡となった。

3　天平四年木簡の出土

一九九〇（平成二）年十一月十五日、「あれー、字が書いてあるぞ、何ちゅうか、てんへいか……」、長登銅山跡の地下四《メートル》の狭いトレンチの発掘中であった。私の後ろで泥土を除去していた羽鳥幸一作業員の言葉に、「また冗談を」といいながら近寄ってみると、一瞬唖然となった。あ る、たしかに字がある。水をかけながらハケで泥を落とすと「天平四年四月」の墨書が鮮明に浮かび上がってきた（図75）。異常な興奮が現場をどよめき立たせた。裏面の文字は不鮮明だが、すぐさまタッパーのなかの水に入れ、作業員とともに全員で喜んだ。泥土のなか、湧水に悩ませられながら泥んこの発掘であったので、喜びもひとしおであった。これまで夏にも木簡は出土していたが、いずれも黒っぽい破片ばかりで、文字が判読できるのは初めてであった。このことは家族にもいわないようにと緘口令を約し、他の公務のためしばらく発掘作業を中断した。

天平四（七三二）年は大仏より古い。さっそく、調査指導委員であった奈良国立文化財研究所の巽淳一郎に電話で報告し、今後の対応策を協議した。十二月五日には、巽と同研究所史料部の寺崎保広が作業服持参で来山する。その後も続出した木簡の判読に、テキパキとした慌しい日々となったが、文字木簡の扱い方を学んだ。六日には山口大学教授の八木充も来山し、見取り図作成に翻弄された。以後十二月中旬まで発掘をつづけ、出土した木簡約五〇点を奈良国立文化財研究所に持ち込み、舘野和己・森公章らが赤外線カメラで判読した。十二月二十日に調査指導委員会を開催し、記者発表を行って木簡の釈文が大々的に報道され、大騒ぎとなった。

その後、一九九一（平成三）年二月までに都合一四九点の木簡が出土した。

図75　天平四年銘の木簡

じつは、この文字のある木簡の発見に到達するには、苦悩苦渋の裏話がある。

長登銅山跡の一九九〇（平成二）年度大切ⅢC区2Tのトレンチは、当初五《メートル》×一〇《メートル》の範囲で掘り下げていたが、谷の部分は日を追って深くなり、階段状に掘下げることが不可能となってきた。また、堆積するからみ層は、ツルハシでようやく掘ることができるほどの硬いからみ層であったので、崩落の心配もないと判断し、ほぼ垂直にトレンチ壁を削り、木製の梯子を製作して、これで昇り降りしながら掘り下げていった。

当時、県内の埋蔵文化財専門職員が所属する市町村の連絡協議会でも、緊急発掘調査の労務災害の問題を議題とし、危険防止対策が懸案事項となっていた。トレンチを深く掘る場合は、土木技術の土羽講習受講がのぞまれていたが、筆者は未だ講習を受けておらず、問題といえば問題であった。現地を見学した人は、たいへん驚いたであろうし、三メートル以上の深いトレンチなど、県内の現場ではとうてい見られない風景であったから、発掘仲間からも忠告があった。しかし、基本的にトレンチ壁はからみの酸化で硬質化し、大雨の後も崩落はなかったので、危険度は薄いと判断し、地表下五メートルの地盤まで掘り下げた。

　掘り下げの途中、随所に泥土の層があって、木片や栗イガ・アワビ・桃核・竹製のザルなどが出土していて、この谷が遺物の宝庫であることが判明していた。拡張して谷の対岸をみきわめたいし、木製品などが多く埋れているのは必然で、木簡も完形品があるかもしれない。そんな衝動にかられトレンチの拡張をどうしようかとずいぶん迷っていた。事故があれば自分の責任であり、発掘調査体制そのものが問題となるであろう。

　そんな折、九月十二日に文化庁から松村恵司が視察にきた。出土遺物を見せ、思い切ってトレンチ拡張案を相談した。松村も状況を推察したのか「気をつけてやってくださいよ」と、そんな回答だったと記憶している。よし、応援はしてもらえる。勇気百倍で拡張に着手し、今度は、壁に傾斜をつけながら掘り進めたのである（図76）。

　その後、深さ四メートルの下層に達した頃、ふたたび松村が来山したのであるが、その折、神亀三年や渚鋤里木簡数片が折り重なって出土したばかりであった。松村はそれを見るや否や、革靴のまま泥土のトレンチに降りてきたので、慌てて長靴を持参したが、松村が根っからの発掘屋であることが垣間見られ、共感を抱いたものである。

　思うに、あのとき松村調査官から「ＧＯ」の返

図76　大切ⅢＣ区拡張前の深いトレンチ

事がもらえなかったら、木簡群の発見はずいぶんと先送りになっていたか、あるいは、永久に日の目をみないままになったこともありえたし、長登銅山跡の評価も今日ほどではなかったと回顧している。

なお、十一月十日から十二日までは、九州大学で開催された日本考古学協会の大会に久々に参加していた。恩師坂詰秀一先生が見えるということで、九州・山口在住の立正大学ＯＢ会が計画され、この出席が第一目的であったが、この席でのおたがいの激励が影響したかもしれない。

こうして、史料不足の感があった山口県の古代史に新たな史料を提供することができ、日本古代史研究上にも画期的な成果を得た。一九九九（平成十一）年までの調査で出土木簡総数は八二九点となり、生産遺跡としては稀で、地方官衙でも出土数は多い方にランクされる。現地には、未だに多くの木簡や削り片が埋蔵されている場所があるが、天然の地下水温度一六度で保存され、しかも、カラミから溶出される銅イオンに殺菌効果があるので、木質は完全に保存されているといえる。新聞報道のタイトル「眠れる地下の正倉院」は松村調査官のアイデアであった。

4　日本最古の坑道跡検証

一九九一（平成三）年二月、懸案の採掘坑の調査を開始した。榧ヶ葉山の山頂から中腹にかけて、無数の坑口が点在し、いずれも坑内は複雑な様相を呈していたので、とても素人の調査は無理だと察し、鍾乳洞の探検で名声を馳せていた山口大学洞穴研究会に測量調査を委託した。委託したとはいえ、洞穴研究会も鉱山の探検は初めてであまり乗り気でなかったので、部長を現地に案内してともに入坑し、鍾乳洞と変わりないことを力説し、洞内測図作成と遺物探索を依頼した。

三月六日、つなぎ服に身を固めた男女数人が、ヘルメット・投光器など重装備でやってきた。筆者もメンバーの間に挟まれて入坑したが、すぐに深い立坑の縁に着いた。当然梯子かザイルを用意するものと思っていたが、みんな若いので次々と素手で渡っていった。取り残されたらたいへんと思い、筆者も何とか渡り終えたが、帰りのことを思うと不安でいっぱいである。暗い洞穴のなかでは、とにかく後ろをついていくしかないが、二十歳以上も年齢差がある若者とは、二度と入りたくないと後悔したものである。

その後、測図作成のため、彼らはたびたび入坑していた。そんな六月のある日、秋芳町出身の竹田良昭が、「土器のかけらがありました」と見せてくれた。須恵器の坏片（図77）だったのでびっ

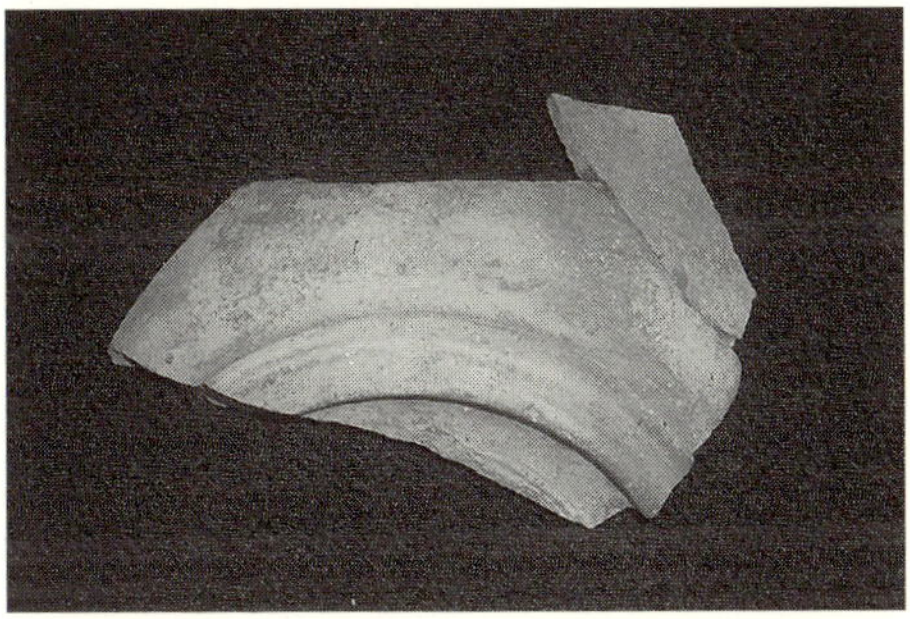

図77　榧ケ葉山露天１号坑内採集須恵器

くりしたが、問い質したところ、同行した仲間の証言もあり、坑内採取に違いない。高台がシャープにつまみ伸ばされ、一九八八（昭和六十三）年に地山面から検出した須恵器の形式と同じで古い。これにより奈良前半の坑道と確定できた。日本最古の坑道ということで記者発表し、発見者の竹田がインタビューに応じたが、俄然彼らの仕事に拍車がかかった。約一カ月かかって大切地区の坑道跡測量を完成したが、憎めないことに、彼らは、独自にそれぞれの坑口に名称を付けてしまった。自分の名前・感性・特徴などを表した名称で、今それらは、美東町教育委員会が付した公式な名称とは対照的に、山口ケービングクラブの洞穴名称として秋吉台科学博物館に登録されているようだ。

ともかくも、坑道は後世にふたたび採掘される例が多く、とても古い時代の遺物などは見つからないだろうと予測していただけに、彼らの注意力のお陰で、古代の採掘跡が確定できたことは画期的であり、若い好奇心の賜物ともいえる。

その後、九月に指導委員会を開催した折、比較的若いメンバーの巽・松村・小池らとともに榧ヶ葉山露天掘一号坑内に入った。このときたまたま須恵器片を採集したが、これが先に採集した須恵器片とピタリ接合でき、一同感嘆の声とともに、奈良時代坑道説を実証した。まったく偶然のできごとであった。

X　長登銅山跡を生かした町づくり

1　大仏のふるさと美東町

昭和六十年代の美東町は、財政的にも苦しく、何とか脱却の方途を模索していた時代といえる。一九八八（昭和六十三）年に判明した奈良の大仏と長登銅山跡の結びつきには、当時の松野栄治町長がおおいに注目し、美東町の事業のなかでも長登銅山跡の調査・研究を優先することとなった。美東町の知名度が全国区になるのは、歓迎すべきことであったし、町民にとって新たな郷土の誇りでもあった。

一九八九（平成元）年には、折りしも地方の時代が叫ばれ、竹下首相によって一億円ふるさと創生資金が全国津々浦々に配分された。各自治体でその使途はさまざまであったが、美東町は、長登銅山跡を前面に据え、遺跡は調査中であるので、ハード事業は先送りとして、ソフト面で創生を図ることとなった。若者を中心とした「美東長登太鼓」チームを創設。大仏の幼いマスコットキャラクターをシンボルマークとし、「奈良の大仏のふるさと美東町」をキャッチフレーズに、職員の名

図78 稚児大仏マスコット

刺や役場の封筒などに印刷し、町内各所に名所案内板を設置するなどの「美東サイン計画」が実行された。現在でも、この稚児大仏のマスコット（図78）は、ユニークさで人気があり、町のシンボルや町民の誇りとなって町起こしに一役買っている。

稚児大仏は、両腕を後ろ手に組み、胸を反らして立ち上がった大仏の幼少期を図案化したものである。美東町出身の漫画家井上弘一氏の考案で、美東町企画課が依頼して作成されたものであるが、顔の表情の愛らしさに人気があり、信仰の対象である大仏様とはまるっきり趣を異にする。このマークがいろいろな標識に利用されたものだから、町外からの来訪者は、まず「何で大仏のふるさとなのか」と疑問に思う。銅の産地だといえば「ああー」と納得してもらえるのだが、この結びつきの因縁が即座に理解できないので、疑問となって脳裏に残る。これが宣伝の一つの効果となって、稚児大仏が今日も人気がある秘密となっているのであろう。

今や町内の道路標識にも採用され、町内外の誰もがこのマークを目にする。二〇〇〇（平成十二）年には、道の駅みとうに三《メートル》大の石造が建立され、休息で立ち寄られた人びとに、ほほえましい安らぎを与えている。

二〇〇八（平成二十）年、市町合併で新「美祢

市」となったが、合併後も「奈良の大仏のふるさと」は美祢市に引き継がれ、各方面で使用されている。

2 東大寺サミット

「東大寺の建立にかかわる市町村サミット」、これが正式な東大寺サミットの名称である。一九九一（平成三）年十月十五日、大仏造立の詔発布千二百五十年祭にちなみ、全国から東大寺の創建ならびに再建に関係した市町村の首長が奈良市に参集した。

大仏サミットの案は、NHKの毛利和雄氏の提案で、一九八八（昭和六十三）年三月の取材の折に話題となった。毛利氏はNHKの各支局を歴任されていた関係上、東大寺に関係する遺跡をよく熟知されていたのである。また、氏は古代史の研究にも精通され、現在ではNHKの文化財専門解説委員として活躍中で、この方面の著作も多い。サミット案は、一九八八（昭和六十三）年十一月、東大寺の狭川宗玄管長が長登銅山跡視察の折（図79）、松野栄治町長との会談で開催を約束、その後、筒井寛秀管長の時実現したものである。このように、美東町は大仏サミットとは因縁深い関係にある。

一九八九（平成元）年二月には、突如として佐賀県の吉野ヶ里遺跡が邪馬台国の候補地として注目を集めた。調査に携わっていた七田忠昭の執念や、遺跡の重要性を邪馬台国に結びつけた佐原真の発想が、ふたたび全国に古代史ブームを巻き起こした。この頃、長登銅山跡は山口県の吉野ヶ里版とも比喩できるような、ちょっとしたブームになっていて、見学者が増加していた。

発掘調査の合間をみて、東大寺大仏に関係する

図79　東大寺狭川管長の訪問

市町村のリスト作成にとりかかった。東大寺からは、大仏鍍金の黄金の産地である宮城県涌谷町も熱望されている旨の話があり、一九九〇（平成二）年五月の東大寺管長筒井寛秀猊下晋山式出席の折、松野町長とともに涌谷町の本間町長・大橋町議会文教委員長等と面談し、ともに大仏サミットの実現に努力することを約した。涌谷町は、金を発見した百済王敬福の関係で早くから東大寺と親交があった。

ちょうどその頃、一九九〇（平成二）年一月、山口県徳地町の法光寺（旧安養寺）に残っていた木材が、東大寺南大門の仁王尊像の材木と一致したことが全国ニュースで流れた。奈良国立文化財研究所の光谷拓実による年輪年代測定の成果であった。東大寺仁王像の解体修理は、文化庁の補助で一九八九（平成元）年から始まっていたが、光谷も調査に参加していた。とくに光谷は、一九八七（昭和六十二）年春に山口県文化課の吉積久年係長の紹介で、法光寺に泊り込みで年輪調査を実施、データを蓄積していた。時の偶然が功を奏したといえよう。

こうして、重源の里徳地町（現・山口市）も、鎌倉再建と東大寺との関係で湧き立った。そんなある日、近隣の町長会議の席上、松野町長が井上平司徳地町長と大仏サミットの構想を話していたところ、小郡町長の宮本研道氏から参加希望の申し出があった。小郡町の熊野神社には、東大寺の鐘楼の撞木を寄進したという伝説があるという。

宮本町長は住職でもあり、興味があったのであろうが、伝説は本当だろうかと松野町長が私に相談されたことがある。小郡は、八世紀後半に東大寺領の「椹野庄」が成立するので、まったく縁がないわけではない。そんな調子で、一九九一（平成三）年春には、三町長が東大寺や奈良市長を訪問し、サミット開催の申し出を行った。

さっそく、四月から事務レベルの本格的な協議となり、一九九一（平成三）年十月十五日の聖武天皇千二百五十年祭にあわせて、奈良市が引き受けることとなった。ただ、名称の問題は、「大仏さん」にするかどうかで議論となったが、再建に関連する市町村もあり、冒頭の名称に落ち着いたようだ。

サミットの内容は、当時流行していた首長の会議やお祭り騒ぎのみでなく、文化財を生かした町づくりをテーマとすることで、各市町村が一致した。当面、大仏建立の意義を世に示すシンポジウム「大仏さんをつくる」がメインテーマとなった。コーディネーターとして奈良国立文化財研究所の田中琢埋蔵文化財センター長を迎え、東大寺大仏殿西回廊の発掘調査（橿原考古学研究所中井一夫）、長登銅山跡の発掘調査（筆者）、黄金山神社の産金（宮城県教育委員会桑羽滋郎）の発表が、新装となった奈良県立公会堂の能舞台で開催された。

十月十六日には、大仏殿の軒下で、「美東長登太鼓保存会」の壮大な演奏が披露されるなど（図80）、美東町にとっては感銘深いサミットとなった。この間の事情は、一九九一（平成三）年十月毎日新聞山口版に連載された森忠彦記者による「甦る『奈良』―東大寺サミットによせて―」に詳しく報じられた。

なお、これまでのサミット開催地と主な内容は

図80　東大寺大仏殿で演奏の美東長登太鼓

表3　東大寺サミット開催一覧

回	開催年月	開催地	主要テーマ・発表
1	1991年10月	奈良市	シンポ「大仏さんをつくる」
2	1992年10月	美東町他	シンポ「重源さんを語る」
3	1993年10月	小浜市	「小浜と東大寺」（東大寺管長平岡定海）
4	1994年10月	信楽町	シンポ「紫香楽宮と大仏造立」
5	1995年10月	涌谷町	「新しい文化について」（東大寺管長平岡定海）
6	1996年９月	小野市	シンポ「国宝浄土寺を語る―重源上人と小野―」
7	1997年10月	名張市他	「東大寺と伊賀の国」（東大寺管長守屋弘斎）
8	1998年10月	美原町	「人と歴史・人と文化」（対談　狭川宗玄長老・水野正好）
9	1999年10月	渥美町	「渥美古窯と東大寺瓦」（小野田勝一）
10	2000年５月	太宰府市	「大宰府と観世音寺」（高倉洋彰）
11	2002年６月	奈良市	「大仏開眼と大伴家持」（上野誠）
12	2004年７月	宇佐市	「東大寺と宇佐について」（岩井寛）
13	2006年11月	奈良市	「重源上人の事績」（岩田茂樹）
14	2008年11月	奈良市	「世界と地域をつなぐ昔話」（竹原威滋）
15	2010年10月	東京都	
16	2012年10月	福井市	
17	2014年10月	美祢市	

表3のとおりである。

二〇〇六年の第一三回サミットでは、東大寺中門でふたたび「美東長登太鼓」が奉納された。じつは、これは十五年前の演奏者の二世たちで構成する「長登子ども太鼓」で、親子二代にわたる熱演となった。

その後、二〇〇八（平成二十）年の第一四回サミットまで、筆者は首長の付き添いとして、ある年は町長代理として、また、町民のツアー引率として、すべてに参加してきた。

二〇一四年の一七回は、美祢市の村田弘司市長が名乗を上げ、目下準備が行われている。

3　史跡の指定と整備

一九九八（平成十）年度で、発掘調査に区切りをつけ、遺跡保存のための史跡指定申請事務を開始した。まず、遺跡内の耕地約一㌶を町費で買い上げ、資料館・駐車場用地として　土地の先行取得を行った。

史跡指定予定地は、調査指導委員会で協議し、約三五㌶に及ぶ広大な地域の地籍調べから開始した。大部分が山林で、しかもほとんどが民有地である。地籍調査も行われていないので境界も不鮮明な部分が多い。当時、町としても地籍調査の必要性にかられ、一九九八年度から国補助事業が導入されて、まず長登地区から調査が開始された。しかし、この成果が得られるのは先のことであり、指定事務との整合性が図れないことが予測された。しかし、指定は急務であるので、二〇〇〇（平成十二）年五月、県文化財保護課吉積久年補佐とともに初めて文化庁を訪れ、指定の申請説明を行い、七月に内示があった。

二〇〇〇（平成十二）年十一月六日にふたたび

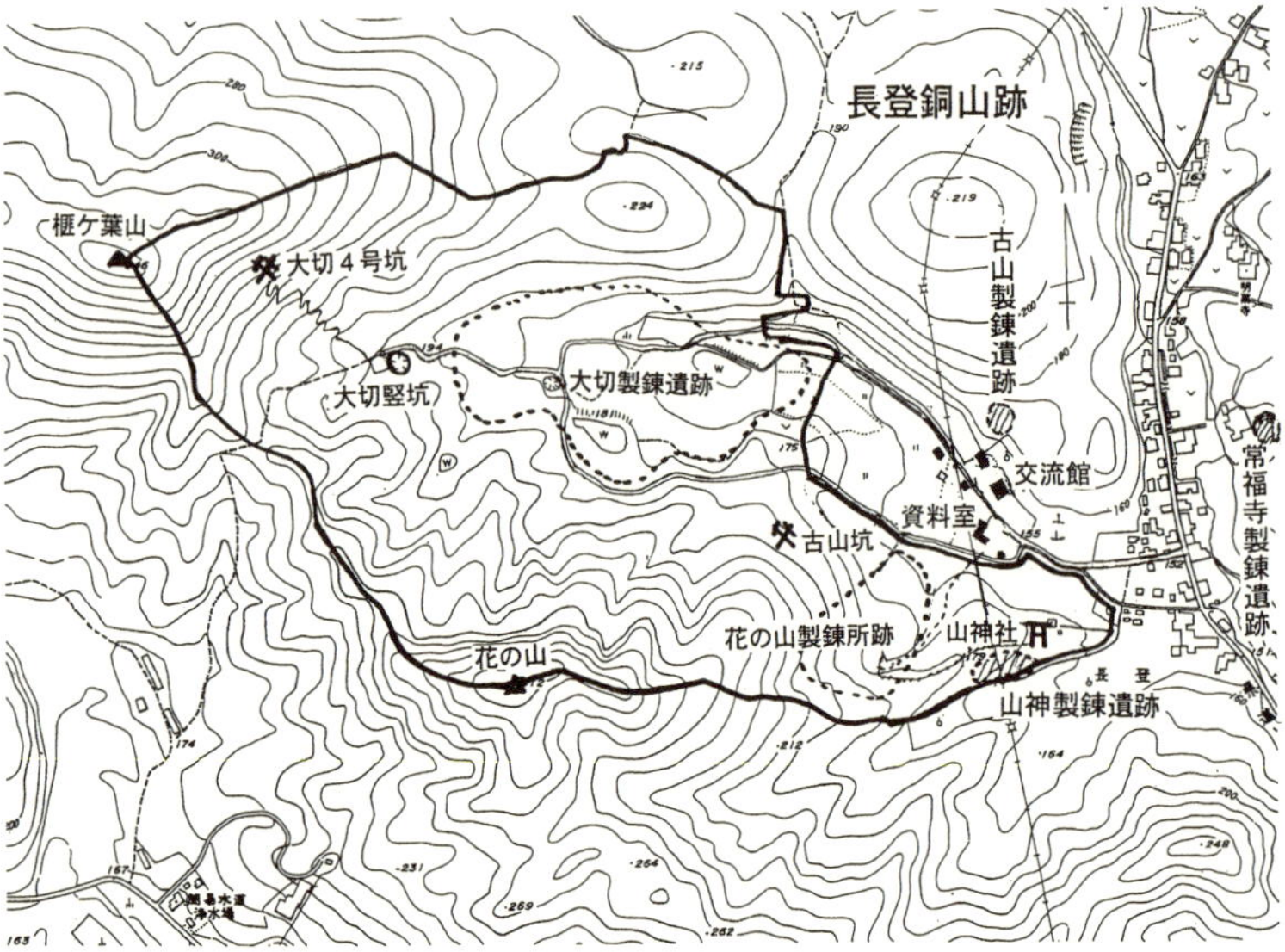

図81　国史跡指定地域図

文化庁を訪れたときは、前日の旧石器捏造問題で慌ただしい状況であったのを思い出す。文化庁の坂井秀弥調査官と協議の結果、地籍地番が確定するまで、当面は図面告示の方向で申請書を作成することとなった。

土地所有者調べは、田口隆司文化係長がおもに担当し、地味な調査がつづいた。鉱山町の隆盛はすでに半世紀も前のことで、登記簿に記載された明治・大正時代の地権者の関係者は、全国・国外に及び追跡調査は困難を極めた。戸籍の照会も遅々として進まず、指定区域をにらんだ地形図の新たな作成や、地権者相続関係図調べを専門業者に委託し、二〇〇一（平成十三）年十月からようやく指定同意書の取り付け事務に入り、半年を経て延三〇〇名の同意に漕ぎ付けた。

二〇〇二（平成十四）年三月には、武藤助役・田口係長を同伴して文化庁を尋ね、坂井調査官と鉱業権の問題や指定の具体的構想を検討した。二〇〇二年七月二十九日には、田口係長・森田主事と申請書を文化庁に持参し、二日間にわたる加藤調査官や川島調査係長の検閲を無事終了した。
同年十一月には文化審議会の答申を得、明けて二〇〇三（平成十五）年七月二十五日に正式に国史跡に指定（図81）された。
史跡整備については、二〇〇二（平成十四）年四月に「整備基本構想策定委員会」を設置、委員のメンバーは次のごとくであった。
植田晃一（国際資源大学校講師、日本鉱業史研究会理事、冶金・鉱業史）
井澤英二（九州大学名誉教授、日本鉱業史研究会理事、地質・鉱業史）
巽淳一郎（奈良国立文化財研究所国際遺跡室長、考古学）
渡辺一雄（梅光学院大学教授、考古学・博物館学）
この頃、石見銀山跡も新たな発掘調査の佳境に入っており、佐渡金山でも発掘が試みられていた。したがって、鉱山遺跡の整備は未だ類例に乏しく、鉱業史関係の意見が貴重な存在となったが、さいわい植田晃一が外国の鉱山遺跡を熟知しており、外国の整備状況を参考にすることで、構想作りはスタートした。そして、委員全会一致で自然環境の保全を第一とし、史跡指定区域も拡大して山の稜線を囲み、広域的な景観保全を図った。
また、これまでの試掘は最低限の調査だったので、整備の具体的構想は、今後の新たな調査にゆだねることは必然であった。当面は、自然景観を保全する方策として、指定地外には四季折々の樹木・花を植栽すること、資料館の建設は絶対条件であることなどを構想とし、土地の公有化地域の検討、将来の発掘調査候補地の選定などを行い、『保存管理・整備基本構想』を策定した。

二〇〇七（平成十九）年から二〇〇八年と、市町合併を挟んで資料館の建設が行われ、初期の目的は達成した。そして、二〇一〇（平成二十二）年度からは、美祢市教育委員会が史跡内の土地公有化に着手して、目下進行中である。

二〇一一（平成二十三）年度には、「長登銅山跡保存管理策定委員会」が設置され、保存管理計画が策定された。保存管理計画策定委員会のメンバーは、会長：巽淳一郎（京都橘大学教授）、副会長：渡辺一雄（梅光学院大学教授）、委員：井澤英二（九州大学名誉教授）、中西哲也（九州大学総合博物館准教授）、嶋村拓実（山口県立山口博物館主査）、世良泰祐（長登銅山跡保存会）、池田善文（長登銅山文化交流館長）が務めた。

これまで、小規模ではあるが段階的に史跡整備が行われたので、おもな項目を列挙しておく。

一九九〇（平成二）年度、林野庁補助事業として、遊歩道兼林道の新設と、大切四号坑への登山道開設。ふるさと創生事業で花の山製錬所跡を公園化。

一九九一年度、町道長登銅山線を二車線道路に改良し、駐車場・公衆便所設置。

一九九三年度、発掘調査出土品の整理保管を兼ねて、プレハブづくりの銅山案内所を開設し、資料館として出土品の展示公開を始める。

一九九九年度、大切谷一㌶の土地先行取得。

二〇〇二年度、古代体験学習広場の整地。

二〇〇四年度、「史跡長登銅山跡」標柱設置。

二〇〇六年度、亀山の竹林伐採、銅製錬鋳造作業場設置。

二〇〇七年度、亀山・大切谷に山桜百本植樹。資料館建設補助事業内示で、設計書作成。

二〇〇八年度、長登銅山文化交流館建設。

二〇〇九年度、文化交流館開館、やすらぎの森整備工事（山口県）、大切四号坑遊歩道藪刈。

二〇一〇年度、奈良登振興会設立。菖蒲園池造成・銅山案内看板設置・亀山東斜面の藪刈清掃と中世墓群発見（奈良登振興会）。

二〇一一年度、本誓寺跡無縁墓地整備事業（奈良登振興会）、彼岸花植栽事業、導入看板設置、大切谷遊歩道灌木伐採、大切谷駐車場整備。

4　古代銅生産シンポジウム

二〇〇一（平成十三）年夏に山口県が主催して「きらら山口博覧会」を開催することが決定されていた。県は、県下の市町村に対しても、この期間にきらら博に合わせた広域的事業を展開することを依頼してきた。美東町としては、長登銅山跡の調査成果をシンポジウム方式で行うことを二〇〇〇年夏に企画した。

折りしも、二〇〇〇年十一月に旧石器捏造問題が発覚して、発掘最前線の実態とマスコミの過激な報道振りが暴露された。長登銅山跡発掘調査の場合も、正式な調査報告書は未だ刊行していない状態だったので、シンポジウムおよび展覧会で学術的成果を公表することが時宜を得た格好の催しと考えた。「山口きらら博覧会」の要望もあって、全国からより多くの人びとを参加させることが目的となり、シンポジウムの内容も多彩になるよう思案を重ねた。そこで、以前から夢見ていた長登銅山跡のからみを熔かしてみたいという思いが強くなった。

二〇〇一（平成十三）年四月一日、植田晃一とメイン講師である八木やコーデネーターを依頼した渡辺一雄とシンポジウムの打ち合わせを行った折、植田から「銅製錬実験は可能ですよ」という話が出た。話はトントン拍子に進行し、銅鉱石の買い付けや製錬実験の計画・予算の大幅な変更などを行い、復元実験に向けて体制を整えていった。

鉱石は植田の斡旋で商社を通じてミャンマーやオーストラリアから輸入した。熔媒剤としての酸化鉄は阿蘇鉱山へリモナイトの買い付けに行き、長登集落内の下ノ丁地区に堆積している近世カラミを添加した。また、酸化銅鉱石は銅品位が二％程度であったので品位を上げるために、亜酸化銅を鶴田栄一氏より寄贈いただいた。以上、豪州産酸化銅鉱石一二キロ＋リモナイト一八キロ＋消石灰一二キロ＝四二キロと、亜酸化銅二〇キロ＋木炭粉二キロ＝二二キロをそれぞれ粉末にして団子を製造し、六回に分割して一回十一キロの原料を木炭十一キロと交互に竪型炉に投入することとした。

銅製錬技術を熟知する植田の指導のもと、八月十日に予備実験、九月一日本番の実験操業（図82）を行い、約五〇〇人の見学者でにぎわった。フイゴは古代を想定して三六リットル容量の皮鞴を三丁製作、竪型炉は内径四〇センチ、内高九〇センチを設計し、炉壁厚さ一三センチのものを築き上げた。こうして、古代銅製錬実験がスタートしたのであった。

シンポジウムは九月二日に実施し、参加者の発表とパネルデスカッションを行い、約八〇〇人の聴講で盛況であった。三日目にはオプションツアーを実施し、①近隣の銅生産関連遺跡見学会、②山口きらら博覧会見学会、③長登銅山跡出土木簡熟読検討会を開催し、とくに、木簡の熟読には赤外線カメラも使用して、古代史の専門家が判読し、新たな釈文も確定するなど大きな成果があった。

小さな町でのシンポジウムであったが、銅生産

図82　シンポジウム古代の銅製錬実験

という特別なテーマで、しかも、古代銅製錬という実験考古学もあり、全国から多くの専門家が参加し好評を博した。

5　第二一回国民文化祭シンポジウム

二〇〇四（平成十六）年は『美東町史改訂版』の刊行で、多忙な日々を送っていた。同年十月は美東町制五〇周年の記念の年となり、また、翌年の春には市町村合併で新美祢市となるべく合併協議が鋭意進行しており、美東町史改訂版は美東町の集大成となる予定であった。しかし、紆余曲折があり合併は挫折、混沌とした情勢下にあった。

そんな二〇〇五（平成十七）年の一月、国民文化祭が山口県引き受けで開催するので、県下市町村の開催希望アンケートがあり、美東町は再度「銅生産のシンポジウム」を開催する計画を提示

図83　第21回国民文化祭会場風景

した。これが県下三カ所のシンポジウムの一つに採択され、先のシンポジウムの宿題でもあった銅製錬実験に再度挑戦することとなった。この国文祭は、未来を担う子供たちに照準が当てられ、子供たちの活躍の場を創出することが大きな課題となった。さいわいにも美東町の長登銅山跡は、子供たちの体験学習には最適の遺跡であり、銅製錬実験も美東中学校生徒の参加を促して行う計画を立てた。

二〇〇五年秋、プレシンポジウムとして第三回目となる銅製錬実験のリハーサルを計画した。二〇〇一（平成十三）年のシンポジウムの折、ボランティアとして参加していた高橋郁男、中田辰吉・栗田権造各氏がふたたび参加し、十月には新たなメンバーも加えて長登古代銅製錬愛好会（代表：小笠原雄次ほか九名）が結成された。翌年春には第四回製錬で流状からみの流出に成功し、八月の五回製錬までに大型の踏みフイゴが製作された。これにより、炉に一律に送風ができ風量調整もできることとなった。なお、愛好会は自主的に作業場の増築を行うなど、ボランティア精神を発揮。製錬炉の構築作業には町内の小中学生を中心に、山口県知事二井関成氏も参加されるなど、県民一体となって国民文化祭が推進された。

シンポジウム「文化資源の活用」は二〇〇六（平成十八）年十一月四日から五日にかけて開催した（図83）。初日は、これまで町内の小中学生が長登銅山跡で体験してきた活動の発表を中心に、銅資源・遺跡の活用についてパネルデスカッションを行った。記念講演は漫画家里中満智子氏による「天平の輝き」で、多くの聴講者があった。五日は長登銅山跡を会場として、第六回目となる古代銅製錬復元実験や、NHKが製作してきた奈良の大仏三十分の一のミニ大仏の鋳造が、冶金工芸家小泉武寛氏と小中学生の手で行われ、多くの観客から声援を受けた。

この国民文化祭の趣旨は、未来を担う子供たちの活動を引きつづき継続して行うことで、その後、体験学習や製錬実験など「銅山まつり」に発展して今日もなおつづいている。

6　銅山まつりと製錬実験

頓挫していた市町村合併協議も、二〇〇六（平成十八）年度から再スタートを切り、二〇〇八（平成二十）年三月をもって、美東町・秋芳町・美祢市が新美祢市になることが決まった。このエリアは、古代からつづいた美祢郡の範囲でもあり、なじみの深い地域ではあったが、いずれも中山間《ちゅうさんかん》地域とよぶにふさわしい過疎化の進む地域で、課題は山積していた。

広域合併で、周辺部は過疎が加速するとの懸念もあった。そこで、筆者ら美東町教育委員会では、以前寄付してもらった酸化銅鉱石が多く残っていたこともあり、小中学生の体験活動や、国民文化祭で盛り上がったボランティア活動の灯を絶やさずに、新たな町づくりの糧にとの思いから、世界でも稀な「銅製錬実験」を引きつづき行うこととした。

この頃、毎年秋には美東中学生とともに長登銅山跡での体験活動を行っており、炉の構築もむずかしいので、年が明け三月十五日、美東町閉町式

図84　銅山まつりにおける銅製錬実験

の前に第一回銅山まつりを開催した。以後、新市になっても毎年継続しており、銅製錬実験の外に鋳造体験、竹細工体験、木炭の製炭体験、銅山探検、クイズウォークなど多彩な「ものづくり・体験」中心の祭で、小中学生を対象としているのでアルコール抜きのユニークな祭りとなっている。現在は地元で実行委員会を組織しているが、銅製錬の準備作業は愛好会のボランティアが中心であり、現在も健在である。

古代銅製錬実験は、一三回目を数え、カラミの流出もスムーズにでき、炉の底には床尻銅を生成することが可能となった。これは、二〇一一（平成二十三）年に（株）シメックスの七田直氏の好意で、チリから銅公社の良質の酸化銅鉱石の寄贈を受けたことが大きな要因となった。この鉱石は銅品位三〇から四〇％という選鉱しつくされた品質のよい酸化銅鉱石で、チリ国銅公社（CODE

図85　大仏ミュージアム（長登銅山文化交流館）

ＬＣＯ）の副総裁らが長登銅山跡の露天掘り探検ツアーにも参加されるなど、友好関係にある。

何よりの成果は、この銅製錬実験を積み重ねたことで、製錬の原料やノウハウを理解できたことである。二〇一三（平成二十五）年九月には、松江市開催以来一六年ぶりに日本で開催された第八回国際金属歴史会議（ＢＵＭＡⅧ—奈良）で、この製錬実験成果も含めて古代長登銅山の研究成果を、九州大学中西哲也准教授と発表した。

7　長登銅山文化交流館の建設

二〇〇六（平成十八）年秋、国民文化祭で製作されたミニ大仏は、ＮＨＫハイビジョン番組「東大寺—よみがえる仏の大宇宙—」でたびたび放送された。長登銅山跡での作業風景や採掘坑なども放映され、ふたたび長登銅山跡が脚光を浴びた。

そして、ミニ大仏がＮＨＫ大阪放送局から美東町に寄付された。

これを受けた美東町は、天平の大仏にふさわしく渡金を施して展示することにした。町制最後の年、二〇〇七（平成十九）年の春に倉増卓雄町長をはじめ、企画・観光・社会教育課と地元長登区地権者・有志、関係ボランティア団体などで、長登銅山跡保存・環境整備推進会議を組織し、今後の対策と現地の整備を検討した。そして、薮を整備して山桜一〇〇本をボランティアで植栽し、ミニ大仏を展示する館を建設すべく山口県とも補助事業を模索した。その結果、山口県中山間地域推進室の助力を得て、農林水産省の農山漁村活性化プロジェクト支援交付金事業で教育文化施設＝資料館設置の採択を受けることとなった。

永年の懸案であった資料館建設が現実となり、事業計画と設計を手掛けることになったが、建設は新市にもち込むこととなり、遠慮しながら最低限の建物を計画した。当時はそれまでの箱物のずさんな経営が浮き彫りにされ、時代背景は「箱物御法度」の時代であり、一部で建設反対の意見も起こるなど苦慮した。しかし、貴重な文化財等の資料を後世に残していくことは行政の一つの使命でもあり、三月までには町民有志が二〇〇〇名の賛同署名を集め、倉増町長も美東地域の拠点の一つとして強力に推進し、その思いを新市長に託した。

二〇〇八（平成二十）年三月二十二日、新美祢市が発足し、文化財保護課長となった筆者が、資料館建設を担当することとなった。名称は、農水省の交流拠点施設ということで、事業の性格上、交流館を冠することとなった。

館は一億一千万円の総事業費で、二分の一は交付金、残りの七割は過疎債が適応され、町・市のもち出し額二千万円弱で三六九平方メートルの交流館ができた。三月に定年となって、非常勤館長として新しい交流館に勤務し、約二週間で展示作業を行うというハードな業務であったが、二〇〇九（平成二十一）年四月二十四日に無事竣工式を迎えた。交流館の看板は東大寺長老狭川宗玄猊下に揮毫を賜り、地元のケヤキ大木に陰刻した。狭川長老には、開館記念式典にも参列いただいたが、初めて美東町を訪問されて以来二〇年を経過していた。

長登銅山文化交流館（大仏ミュージアム）

住　　所	〒754－0213　山口県美祢市美東町長登610番
お問合せ	電話／FAX 08396－2－0055
	E-mail naganobo@c-able.ne.jp
開館時間	9時から17時（入館と映像上映は16時30分まで）
休 館 日	月曜（祝日の場合は開館で、翌日休館）、年末・年始
入 館 料	一般300円、小・中学生150円
	20名以上の団体の場合、一般250円、小・中学生100円
交通案内	新幹線・新山口駅から30分（バス40分）
	山口駅から35分（バス乗り換え）
	萩駅から30分（40分）
	美祢駅から30分、秋吉台へは15分
	「道の駅　みとう」から6分
U R L	http://www.c-able.ne.jp/~naganobo

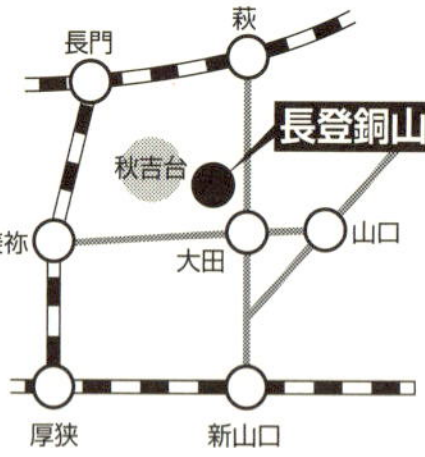

中国自動車道
美祢東JCT→小郡萩道路→
→大田ICから車で7分

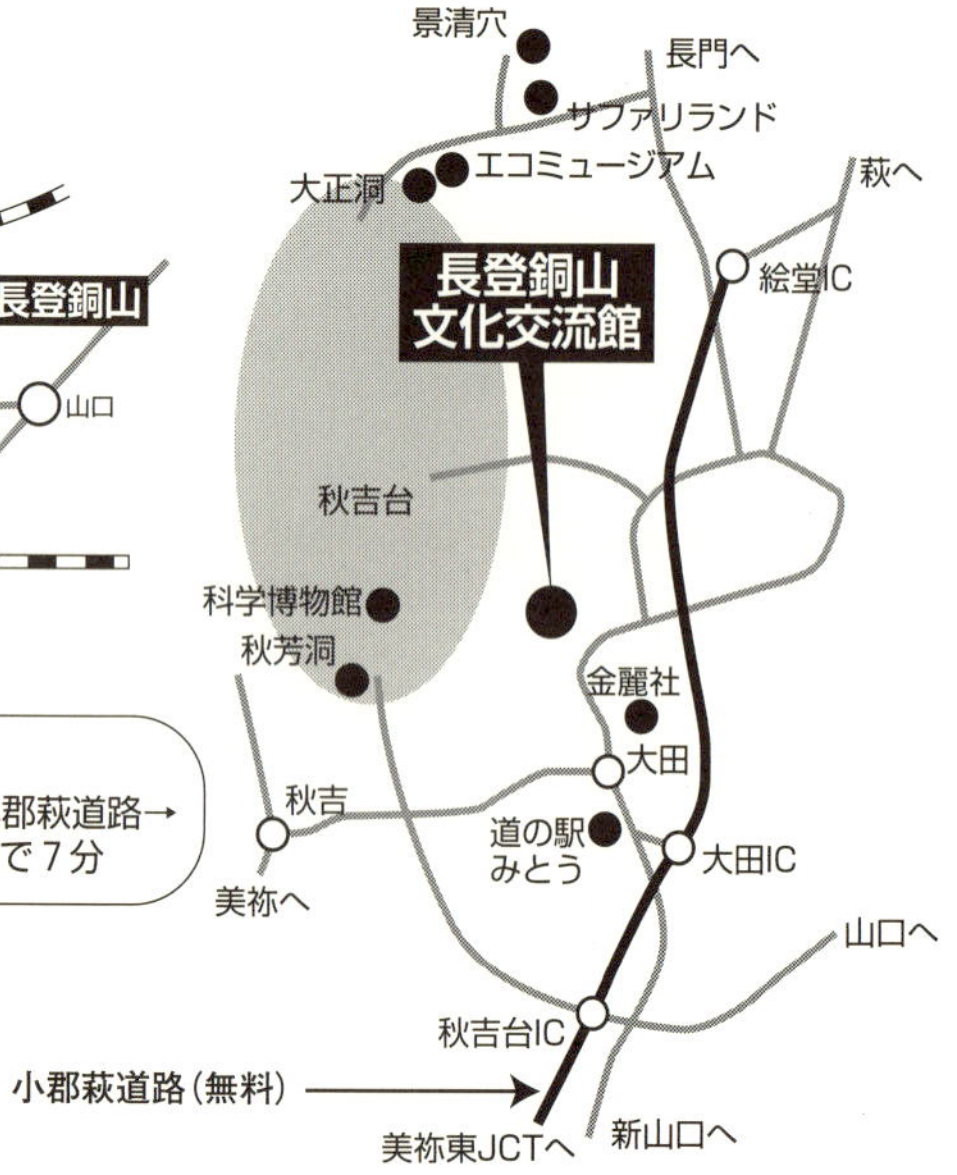

参考文献

池田善文　一九七四「古代長登（奈良登）銅山遺跡について」『温故知新』創刊号、美東町文化研究会
池田善文　一九七五「奈良登銅山跡」『日本考古学年報』二四、日本考古学協会
池田善文　一九八二「古代長門国採銅所の予察」『山口県地方史研究』四八号、山口県地方史学会
池田善文　一九八七「山口県長登銅山遺跡における製錬跡の調査—平安時代の火床炉について—」『月刊考古学ジャーナル』二八〇号、ニューサイエンス社
池田善文　一九九六「古代産銅地考」『考古学の諸相』坂詰秀一先生還暦記念会
池田善文　二〇一一「古代における銅生産—長登銅山跡を中心として—」『歴史と地理』六四五号、山川出版社
池田善文　二〇一三「長登銅山と古代社会」『歴史のなかの金・銀・銅—鉱山文化の所産—』勉誠出版
池田善文編　一九九〇『長登銅山跡Ⅰ』美東町教育委員会
池田善文編　一九九三『長登銅山跡Ⅱ』美東町教育委員会
池田善文・森田孝一　一九九六「山口県美東町平原第Ⅱ遺跡」『日本考古学年報』四七号、日本考古学協会
池田善文・森田孝一ほか　一九九八『長登銅山跡Ⅲ』美東町教育委員会
岩崎仁志ほか　一九九二『国秀遺跡』財団法人山口県教育財団・山口県教育委員会
植田晃一　一九九七「鉱業の源流を訪ねて」『日本鉱業史研究』三四号、日本鉱業史研究会
植田晃一　二〇〇三「酸化銅鉱を原料とする銅の鉄品位は何故高い」『日本鉱業史研究』四六号、日本鉱業史研究会
大道和人・大沼芳幸　二〇〇六『鍛冶屋敷遺跡』滋賀県教育委員会
大山崎町教育委員会　二〇〇九『大山崎町文化情報２００９』（林亨「山城国府跡第二〇次発掘調査と銅地金の出土について」、池田善文「山崎院跡出土の銅インゴットについて」、井澤英二「大山崎町銅インゴットの分析結果につ

いてのコメント」、降幡順子「山城国府跡出土銅インゴットの自然科学的分析」、小泉武寛「日本最古の銅インゴット」）
金関　恕編　二〇〇四『山口県史資料編・考古2』山口県
神崎　勝　二〇〇六『冶金考古学概論』雄山閣
神崎　勝・佐々木稔　二〇〇二「銅の生産とその展開」『鉄と銅の生産の歴史』雄山閣
久野雄一郎　一九九〇「東大寺大仏の銅原料についての考察」『考古学論攷』一四冊、橿原考古学研究所
小池伸彦　二〇〇四『古代の非鉄金属生産の考古学的研究』H一一〜一五年科学研究費補助金研究報告書
小林行雄　一九六二『古代の技術』塙書房
斎藤　努・高橋照彦・西川祐一　二〇〇二「古代銭貨に関する理化学的研究―「皇朝十二銭」の鉛同位体比分析および金属組成分析―」『IMES DISCUSSION PAPERSERIES』№二〇〇二―J、日本銀行金融研究所
佐藤　信　二〇〇二『出土史料の古代史』東京大学出版会
栄原永遠男　一九九三『日本古代銭貨流通史の研究』塙書房
佐々木稔編　一九九八『季刊考古学』六二号、雄山閣（葉賀七三男・佐々木稔「古代・中世の銅生産の特徴」、村上安正「銅鉱業の鉱床と採鉱技術」、神崎勝「古代・中世の産銅遺跡の調査」、池田善文「長門国長登銅山跡にみる生産遺構」、梅崎恵司「古代豊前国企救郡の産銅事情」、佐々木稔「遺構・遺物から推定される銅製錬法」）
中井一夫・和田　萃　一九八九「奈良・東大寺大仏殿廻廊西地区」『木簡研究』十一号、木簡学会
西岡義貴・森田孝一ほか　一九八七『中村遺跡』財団法人山口県教育財団・山口県教育委員会
文化庁・第一法規出版（株）一九九四『月刊文化財』三七四号（葉賀七三男「発掘された産銅の歴史」、渡辺一雄「長門における産銅の起源」、池田善文「長門の大仏料銅遺跡」）
文化庁・第一法規出版（株）一九九八『月刊文化財』四二一号
巽淳一郎　二〇〇八「飛鳥池工房遺跡にみえる古代国家前期の官営工房の構造と実体」『国学院雑誌』一〇九巻第十

一号
辻誠一郎ほか　二〇〇四　『海を渡った華花―ヒョウタンからアサガオまで―』国立歴史民俗博物館
美東町史編さん委員会編　二〇〇四　『美東町史通史編・資料編』美東町
橋本義則　二〇〇五　「銅の生産・消費の現場と木簡」『文字と古代日本』三巻　流通と文字、吉川弘文館
畑中彩子　二〇〇三　「長登銅山遺跡出土の銅付札木簡に関する一試論」『木簡研究』二五号、木簡学会
東野治之　二〇〇三　「万葉人の書いた和歌」『週間朝日百科　日本の歴史』四九号、朝日新聞社
美東町教育委員会　二〇〇一　『古代の銅生産―古代の銅生産シンポジウム in 長登資料集―』（八木充「律令国家と長登銅生産施設」、近藤喬一「中国殷周の青銅生産」、羅亨用「韓国の古代金属生産事情」、池田善文「長登銅山跡の発見と調査の成果」、小池伸彦「飛鳥池遺跡の工房と銅製品生産技術」、佐藤信「奈良時代の政治と東大寺」、植田晃一「古代の銅鉱山と製錬―ティムナ・銅緑山・長登―」、中井一夫「東大寺の鋳造関連遺構」、巽淳一郎「都城の遺物と長登製銅所の遺物」、成瀬正和「正倉院宝物と長登銅山」、鶴田栄一「古代の顔料と長登の紺青・緑青―銅系顔料を中心として―」、森田孝一「長登銅山跡の発掘調査」、岩崎仁志「山口県における古代銅生産関連遺跡の調査」）
美東町教育委員会　二〇〇六　『銅：鉱物資源と製錬技術』（植田晃一「銅の生産―古代から現代―」、井澤英一「長登銅山の地質と銅鉱石―古代の工人が採取した酸化銅鉱」）
美東町教育委員会　二〇〇七　『史跡：長登銅山跡保存管理・整備基本構想』
美東町教育委員会　二〇〇八　『古代銅製錬復元実験報告書』
美祢市教育委員会　二〇一二　『国指定史跡長登銅山跡保存管理計画策定報告書』
松村恵司・栄原永遠男編　二〇〇七　『和同開珎をめぐる諸問題（二）』（竹内亮「木簡からみた長登銅山の銅生産体制」、池田善文「長門の産銅と採掘・製錬技術」）
八木　充　二〇〇〇　「奈良時代の銅の生産と流通―長登木簡からみた」『日本歴史』六二一号、吉川弘文館

八木　充解説　二〇〇一　『長登銅山跡出土木簡―古代の銅生産シンポ木簡展図録―』美東町教育委員会
葉賀七三男　一九七四～一九八二　「続尾鉱録一～八六」『日本鉱業会誌』一〇三一～一一三一号、（社）日本鉱業会
葉賀七三男　一九八三　「古代長門の銅生産について」『山口県地方史研究』五〇号、山口県地方史学会
吉岡真司　二〇一一　『天皇の歴史　第二巻聖武天皇と仏都平城京』講談社
吉川竜太・本村慶信・中西哲也・井澤英二　二〇〇五　「古代長登銅山の鉱石と製錬滓について」『日本鉱業史研究』五〇号、日本鉱業史研究会
吉村和久・池田善文・栗崎弘輔・岡本　透・藤川将之・松田博貴・山田　努　二〇一三「秋吉台長登銅山大切坑石筍に記録された硫化鉱製錬」『月刊地球』Vol 35 No 10、海洋出版（株）
渡辺晃広　二〇一〇　『平城京一三〇〇年「全検証」奈良の都を木簡からよみ解く』柏書房
渡辺一雄編　一九八二　『生産遺跡分布調査報告書―採鉱・冶金―』山口県教育委員会

おわりに

長登銅山跡にかかわって四〇年になる。この間の調査のまとめを一冊にできることは、大きな喜びであるが、長登銅山は私の人生そのものになってしまった。

私と長登銅山を結びつけるきっかけは、父の病であったと思う。大学四年の春に父が入院し、農家の長男として一八〇アールの水田を耕すために急遽帰郷した。後の名曲「なごり雪」の心境であった。その後、郷里の小さな町の教育委員会に奉職し、長登銅山に出会った。考古学を半ばあきらめていた私への贈り物であったと思う。

長登銅山跡と奈良の大仏との関係が明らかとなり、歴代の東大寺管長さんとも接することが多くなり、「縁」のたいせつさをあらためて感じたものである。なかでも狭川宗玄猊下からいただいた「悠々千古心」の揮毫に励まされ、今日があると思う。学恩を賜った坂詰秀一先生や関俊彦先生をはじめ、この三〇数年間、長登銅山跡の調査にさまざまな面からご支援いただいた方々に、厚くお礼申し上げたい。とりわけ、森田孝一氏とは二人三脚で歩んできたが、私を支えていただいたことに感謝する。紙面の都合により、遂一ご芳名を記すことはできないが、一つの遺跡が多くの方々の尽力により世に出たことを明記しておきたい。

私は、この数十年間社会教育主事の職務も併行して携わってきた。生涯学習を推進するにあたり、地域の文化財や郷土の歴史は、将来を担う青少年に掛け替えのない財産となるべきものである。本書は単なる学術報告でなく、誰にでも手軽に読めるように、こんな願望もあってあえて平易に叙述した。歴史をより身近に感じられるように、調査のエピソードも多く挿入して遺跡にかかわった人間の生き様も紹介した。したがって、自伝のようになった嫌いもあるが、読み物として気軽に読んでもらえればと願う次第である。森浩一先生や佐原真先生が提唱されていたわかりやすい歴史が、私の脳裏に焼きついて離れない。

長登銅山跡の調査は、ようやく途に就いたばかりである。役所跡や工人の住居跡などが未確認であり、多くの木簡も眠っている。古代史解明には欠かせない重要な遺跡であることは論を待たないが、さらなる調査研究の進展はこれからの若い人たちに託したい。

おわりに、執筆を薦めていただいた坂井秀弥氏や同成社の工藤龍平氏には、九年間も遅延していたことに何ともお詫びのしようもないが、温かく見守っていただいたことに厚くお礼を申し上げます。

また、末筆となったが、本書に使用した写真は一部長登銅山文化交流館の提供を受け、山口県文書館並びに山口県埋蔵文化財センター等の協力を得たことを明記し、謝意を表します。

菊池徹夫
坂井秀弥　企画・監修「日本の遺跡」

49　長登銅山跡《ながのぼりどうざんあと》

■著者略歴■

池田　善文（いけだ・よしふみ）

1948年、山口県生まれ
立正大学文学部史学科考古学専攻卒業
現在、美祢市長登銅山文化交流館館長、山口考古学会副会長
主要著書等
「古代産銅地考」『考古学の諸相』坂詰秀一先生還暦記念会　1996年。
「古代銅生産の様相と問題」『日本鉱業史研究』33号　日本鉱業史研究会　1996年。
『須恵器集成図録』５巻・６巻（共著）雄山閣　1996年。
『山口県史資料編　考古２』（共著）2004年。

2015年７月31日発行

著　者　池　田　善　文
発行者　山　脇　洋　亮
印　刷　亜細亜印刷㈱
製　本　協栄製本㈱

発行所　東京都千代田区飯田橋4-4-8
（〒102-0072）東京中央ビル
㈱同成社
TEL　03-3239-1467　振替　00140-0-20618

ISBN978-4-88621-701-1 C3321

シリーズ　日本の遺跡

菊池徹夫・坂井秀弥　企画・監修　　四六判・本体価格各1800円

【既刊】（地域別）

〔北海道・東北〕

⑩白河郡衙遺跡群（福島）　鈴木　功
⑫秋田城跡（秋田）　伊藤武士
⑬常呂遺跡群（北海道）　武田　修
⑰宮畑遺跡（福島）　斎藤義弘
⑲根城跡（青森）　佐々木浩一
㉗五稜郭（北海道）　田原良信
㉚多賀城跡（宮城）　高倉敏明
㉛志波城・徳丹城跡（岩手）　西野　修
㉞北斗遺跡（北海道）　松田　猛
㉟郡山遺跡（宮城）　長島榮一
㊽三内丸山遺跡（青森）　岡田康博

〔関東〕

③虎塚古墳（茨城）　鴨志田篤二
㉓寺野東遺跡（栃木）　江原・初山
㉕侍塚古墳と那須国造碑（栃木）　眞保昌弘
㉙飛山城跡（栃木）　今平利幸
㊱上野三碑（群馬）　松田　猛
㊶樺崎寺跡（栃木）　大澤伸啓
㊻加曽利貝塚（千葉）　村田六郎太

〔中部〕

⑤瀬戸窯跡群（愛知）　藤澤良祐
⑮奥山荘城館遺跡（新潟）　水澤幸一
⑱王塚・千坊山遺跡群（富山）　大野英子
㉑昼飯大塚古墳（岐阜）　中井正幸
㉒大知波峠廃寺跡（静岡・愛知）　後藤建一
㉔長者ケ原遺跡（新潟）　木島・寺崎・山岸
㊼荒屋遺跡（新潟）　沢田　敦

〔近畿〕

⑥宇治遺跡群（京都）　杉本　宏
⑦今城塚と三島古墳群（大阪）　森田克行
⑧加茂遺跡（大阪）　岡野慶隆
⑨伊勢斎宮跡（三重）　泉　雄二
⑪山陽道駅家跡（兵庫）　岸本道昭
⑳日根荘遺跡（大阪）　鈴木陽一
㊲難波宮跡（大阪）　植木　久
㊸伊勢国府・国分寺跡（三重）　新田　剛
㊺唐古・鍵遺跡（奈良）　藤田三郎

〔中国・四国〕

⑭両宮山古墳（岡山）　宇垣匡雅
⑯妻木晩田遺跡（鳥取）　高田健一
㉝吉川氏城館跡（広島）　小都　隆
㊴湯築城跡（愛媛）　中野良一
㊷鬼ノ城（岡山）　谷山雅彦
㊹荒神谷遺跡（島根）　足立克己

〔九州・沖縄〕

①西都原古墳群（宮崎）　北郷泰道
②吉野ヶ里遺跡（佐賀）　七田忠昭
④六郷山と田染荘遺跡（大分）　櫻井成昭
㉖名護屋城跡（佐賀）　高瀬哲郎
㉘長崎出島（長崎）　山口美由紀
㉜原の辻遺跡（長崎）　宮崎貴夫
㊳池辺寺跡（熊本）　網田龍生
㊵橋牟礼川遺跡（鹿児島）　鎌田・中摩・渡部